岩波現代

新島襄

和田洋一

岩波書店

新島 襄(1884 年 3 月).

まえがき

私は、小学校六年生のころ、府立一中の入学試験を受ける気になっていた。一中は、当時、京都で一番いい学校だとみなされていた。しかし父は、府立の学校などぜんぜん問題にしようとせず、私に同志社中学へ行けといった。私はおとなしく父の意志にしたがい、そのあと二人の妹も、それぞれ同志社女学校へ入学した。父は、熱心なキリスト教徒で、帝国大学の出身ではあったが、私学同志社に招かれて教師をつとめていた。キリスト教学校のよさ、同志社教育のよさを、かたく信じていたようである。

中学生になったのち、私は同志社の創立者である新島襄について、何度も話をきく機会をもった。毎朝、正規の授業に先だってチャペルの時間があり、全校生徒は、讃美歌をうたったあと、精神講話をきくことになっていたが、その中で「新島先生」の名前がたびたび出た。私は、精神講話を熱心にきいた記憶はないが、讃美歌をうたうのは楽しみだったように思う。オルガンの伴奏は、大中寅二がやってくれていた。彼は、当時、同志社大学の学生であったが、のちに宗教音楽や「椰子の実」の作曲者として有名になった。

チャペルの正面の奥まったところには、新島襄の額がかかっていた。中学生たちは、毎朝、新島襄の写真と向かいあってすわっていたのだから、新島のひとみ、ひげ、こめかみの傷あとなどを、心のどこかに深く印象づけられていたのではあるまいか。雄弁大会がチャペルで開かれたとき、弁士の中には、新島襄の写真を背中にして、大きな声で「新島先生は」とさけびながら、テーブルをたたく者が必ず一人か二人はいた。同志社は堕落している、すみやかに新島精神にたちかえれ、などとやり出すと、私は、心の中で、「またか」と思った。

同志社の中で、「新島先生」の名前をふりまわすと、それは一種の権威をおびてきて、表だって反対することができなくなるような、そういう空気があった。私は、ぼおっとした生徒で、べつに反抗的でもなんでもなかったが、新島襄はいったいそんなにえらい人だったのか、たいしたことはなかったのじゃないか、そんなふうな受けとりかたをしていた。

新島は、志を立てて海外にわたり、帰国後キリスト教主義の私立学校を創立した。だから新島はえらいんだ、と無条件に頭をさげる気にはどうもなれなかったのである。小学校のころから、私立学校にたいする世間の評価が低く、いい生徒は府立の中学校、女学校へ行くことは知っていた。中学生になってからは、日本が官尊民卑の国であることを、思い知らされる機会が何度かあった。一方でくやしいと思っても、他方でどうにもならないという気持ちをもつようになっていた。同志社は、キリスト教主義という特色をもっており、ほかのみすぼらしい私学にくらべれば見ばえもよかった。アメリカ人の援助のおかげで、同志社には赤れんがの立派な建物が、五つも六つもならんでいた。しかし世間はやっぱり官立を高く見、私立を低く見ていた。およばずながら官立に対抗しようとした新島の心意気にたいして、敬意を払う気持ちはあっても、それ以上のことにはならなかったのである。新島が、キリスト者として、教育者として、人間として、いかに立派であったかを物語るエピソードをきかされると、それはそれで尊敬する気持ちも起こったが、特に新島に傾倒するということはないままに、五年近くを過ごした。そして学校にたいする不満があったわけではないのに、卒業前に中退を決意して、私は同志社との縁を自分で切ってしまった。

　それからながいあいだの浪人生活、旧制高校、帝国大学の過程を経て、今度はドイツ語の教師として同志社へもどってきた。しばらくぶりに同志社の雰囲気の中にはいりこんで、私はアットホームな感じをずっともちつづけることができたが、ただ新島裏にかんしては、依然として親近感は起こらず、新島の伝記を勉強するということもなく、新島の精神をしっかり身につけてというような殊勝な心がけも起こさないままであった。同志社の創立記念日に、総長が式辞をのべ、現在の同志社の状況はまことになげかわしい、こんなことでは新島先生にたいして申し訳ない、というふうにお説教を始めると、私は「またか」と思った。その総長は、もともと同志社とは何の関係もない人であったが、ひとたび総長の椅子にすわると、新島先生の名前を口にせずにはいられなくなるらしかった。

日中戦争が始まった翌年の夏、私は、治安維持法違反の疑いをうけ逮捕された。反ファシズムの文化活動を友人たちといっしょにやっていたのを、治安当局は、国際共産党の指令にもとづく人民戦線運動だとみなしたのであるが、そのために私と同志社との縁はまた切れてしまった。

戦争が末期に近づいたころ、同志社中学の毎朝のチャペルでは、讃美歌はもはやうたわれず、聖書は読まれず、新島襄の写真は壁から引きおろされ、その代わりに日の丸の旗がかかげられることになった。私はそのような光景を自分の目で見てはいないが、当時の中学生で現存の校友は、すべて生きた証人である。

新島襄は、青年時代にアメリカ東部のアーモスト大学で学んだ。アーモストの人たちは、日本人ニイシマが自分たちの大学で学んだことを誇りとし、チャペルの正面右がわにニイシマの額をかかげている。真珠湾が攻撃され、日本が敵国になったときも、アーモストの人たちは、この額を引きおろそうとはしなかった。戦後、アーモスト大学を訪問した同志社の教師や校友は、この話をきいて感激し、自分たちの新島がアーモストでいかに大切に扱われているかをみやげ話として語っている。今日の同志社の教職員、学生は、戦争末期の同志社に起こったことについて、ほとんど知らされていないが、不名誉な歴史は不名誉な歴史として、やはり知らされねばならない。

戦争が終わったあと、私は同志社に呼びもどされ、切れていた糸がまたつながった。戦後の同志社でもしばらくのあいだは、新島襄が思い出され、新島精神が説かれた。しかしそのうちに学生の数は目に見えてふえ、キリスト教にたいして関心うすく、新島襄について知るところのない教師の数もふえてきた。当然のことながら、学生たちは、新島襄が使命感に燃え、苦闘の中で神に祈り求めながら同志社を創立し発展させたことについて、教えられないまま大学を卒業していくことになった。このままでは、新島襄の名前すらも知らない学生の数が、どんどんふえていくのではないか。

親子二代同志社の教師をつとめながら、新島襄とは親近感のうすかった私も、さすがにそのことが気になりだした。そしてさしあたりは、同志社の学生が、せめて新島襄伝を一冊ぐらいは読んでくれるようにと願うようになった。今までに刊行された新島伝のうちでは、どれがいちばん推薦にあたいするだろうかと考えたりもした。そして改めて感じたことは、今までに書かれた新島伝は、新島の人格がいかに気高く、憂国の情がいかに深く、神をおもう心がいかに痛切であったか等々を強調し、読者を感動させ、新島にたいする尊敬をひき起こすことに力がこめられていたということである。そこでは新島の短所は触れられず、批判は避けられていた。これらの書物は、それはそれで存在理由をもっていたし、過去において若い読者に深い精神的感化をあたえてきたことを認めねばならない。しかし今日の若い世代は、これらの新島伝にはたして満足するであろうか。新島を聖者のごとく描けば描くほど、若い読者はますます新島を縁遠く感じるのではないだろうか。かりに私が新島伝を書くとすれば、いますこし人間的に近づきやすい新島像をつくりあげることになるだろう。自分の新島にかんする知識は、耳学問の程度で、お話にならないけれども、これから本気で勉強して、書けるものなら、新島伝を一冊書いてみたい、そんなことをぼんやり考えるようになったのは、いまから七、八年前のことである。

それから三、四年たって、ある日、日本基督教団出版局から「人と思想シリーズ」の中の一冊として『新島襄』を執筆するようにとの依頼を受けた。先にのべたような事情があったので、私はわりにあっさりと引きうけ、ぼつりぼつり執筆のための準備にとりかかった。戦後、量的に大きくはなったが、時の流れにおし流され、ふらふらとただよっている今日の同志社、それと、日本近代のあけぼのの時期に、目標をはっきりと見さだめ、迫害に屈せず、苦難の中に意志を貫徹した創立者新島襄とのコントラストが改めて意識され、私の心構えもすこしずつ変わってきた。

もちろん始めのうちは、恐いもの知らずで、のん気なものだった。新島の手紙や日記や紀行文をていねいに読み、あとは今までに刊行されている新島伝数冊、新島にかんする思い出、簡単な研究論文などに目を通して、さっと一冊の本を書くつもりだった。しかし執筆をすすめていく過程で、とてもとてもそうはいかないことが、しだいにわかってきた。

つまり、いままで新島について書かれたものは、新島をほめたたえることが主目的であって、厳密な実証的研究という点で、非常に弱いということに、いまさらのように気がついたのである。生涯を新島研究にうちこんできた森中章光氏の編纂による「新島先生詳年譜」を始め、同氏の業績のおかげをこうむることがいかに大であったかを私はこの場所で強調したいと思う。しかし同志社内に新島にかんする共同研究がいままで組織されたことがなく、新島をさまざまな角度から検討し、それらをつき合わせるということがぜんぜん行なわれなかったことは致命的であった。同志社の現職の教師、校友が、新島の一〇年にわたる海外生活を叙述するに当たっても、そのよりどころはたかだかA・S・ハーディーの"Life and Letters of Joseph Hardy Neesima"と、新島が祖国に向けて送った手紙ぐらいのものではなかったか。努力すれば、新しい資料は見つかるはずであり、私自身も、さいごの段階でいくつか新しい資料を発見することができたが、教団出版局がわの発行予定を考えれば、明らかに手おくれであった。最初の新島伝の著者がまちがいをおかすと、そのまちがいがつぎの新島伝の著者によってうけつがれるということがあり、いちいち確かめないと、危なっかしくて既存の文献をそのまま利用できないと感じたこともしばしばであった。

同志社には、新島遺品庫に貴重な原資料が多数おさめられており、そのほかに社史史料編集所、蘇峰文庫、同志社大学人文科学研究所、神学部研究室、同図書館などにも多数の参考文献があり、これらを活用して、人としての新島ならびにその思想について書くとすれば、これから先少なくとも五年はかかるだろう。私としては、いい加減のところであきらめるほかはなかった。

先にものべたように、この本は最初、同志社という特定の大学の学生諸君向けに書かれるはずであったが、教団出版局の依頼のもとに「人と思想シリーズ」の一冊として出版されることになった以上、そんなわくは打ちこわされねばならなかった。私としては、キリスト教にかんして初歩的な知識しかもっていない若い世代一般を相手に語りかけたつもりであるが、共感を得られるという自信はもとよりない。年をとったかたがたも読んでくださるということであれば、著者としてこの上もないしあわせである。

一九七二年初冬

和田洋一

凡　例

㈠　新島襄は、二度目の香港入港の日に、太陰暦と元号とを捨て、元治二年一月三十日を、西暦一八六五年二月二十五日と呼ぶことにした。本書の年月日の表記も、新島に従って、この日までを旧暦、以後は新暦によることにした。

㈡　年齢にかんしては、数え年を使用する場合は、原則として数え年何歳と明記した。それ以外はすべて満である。

㈢　幕末、明治初期の文章を引用するに当たっては、読みにくいと思われる漢字にはルビを加え、旧体漢字は新体に改め、片仮名は平仮名に、歴史的仮名遣いは新仮名遣いになおし、適当にコンマを挿入した。新島は、箱楯、筥館、凾館などと書いているが、本書では函館に統一した。誤字、脱字の場合は、正しいと思われる字を〈　〉に包んで挿入した。脱字ではなくとも、仮名を入れたほうが読みやすいという場合、同じやり方をした。

㈣　外国語の翻訳は、すべて著者自身が行なった。

目　次

序章

一　幕末の国外脱出者

文久三(一八六三)年五月十二日、一隻の英船が、横浜港を離れてロンドンへ向かった。船の中には五名の密航者が身をひそめていた。

出帆に先立って、幕府の役人たちは、船内をすみずみまで調べてまわったはずである。しかし石炭庫の中にかくれている五名の日本人を、彼らは見つけることができなかった。密航者は、いずれも長州藩の青年であった。

その前々日の五月十日には、下関付近で、長州の攘夷派が外国船に砲撃を加えるという事件が起きていた。その外国船は、命中弾をこうむったまま逃走したが、報復は必ずや行なわれるであろう。そうした緊迫感の中で、ロンドン行きの船にもぐりこんだ長州の若者たちは、いったいどのような思いを胸に秘めていたのだろうか。

若者たち五名の中には、のちに日本初代の内閣総理大臣に就任した伊藤俊輔《としすけ》(博文)、同じく初代外務大臣の座についた井上聞多《もんた》(馨《かおる》)がふくまれていた。攘夷を口にしながらも、将来にそなえて、外国の事情を学んでおかなくてはという空気は、長州内で強くなってきていたし、特に、英国にわたって海軍の研究をすることは、彼ら五名に課せられた任務でもあった。研究の成果をもち帰って、新たな海軍力を育てあげ、外敵を討ちはらおうという願いも、当然こめられていたであろう。滞在期間は、三年と予定されていた。この切迫した時期に、三年はなが過ぎるとも考えられるが、英国へわたって、まず英語の勉強から始めねばならないという条件を考えれば、いたしかたのないことでもあっただろう。

長州青年のこのような海外渡航にたいして、幕府が認可をあたえるはずはなかった。長州藩士高杉晋作は、前年、文久二年の春、上海《シャンハイ》へわたっているけれども、このときは幕府の船にのせてもらって出かけたのである。井上、伊藤ら五名の国外脱出が成功し、英国で学ぶことが可能になったのは、長州藩上層部の暗黙の了解、さらにそれ以上に、積極的な支持支援があったからであり、長州藩が外様《とざま》であり、雄藩だったからである。英船にのりこませてもらうための交渉、向こうへ行ってからの生活費のことなど、すべては長州の重臣が面倒をみてくれた(1)。彼らの出国は、密出国であることにまちがいなく、危険をもともなってはいたが、いわば半密出国とでもいうべきものであった。

日本人五名をのせた英船は、インド洋からアフリカの南端をまわり、大西洋を北上した。当時はまだスエズ運河が開通していなかったからである。ロンドンに上陸してからの彼らが、西欧の文明に目をみはり、圧倒されながら勉強をつづけているうちに年は暮れた。

翌元治元(一八六四)年六月十四日には、上州安中の藩士、一一歳の青年新島七五三《しめ》太《た》(襄)が、ただひとり、函館港停泊の米船に乗りうつった。吉田松陰が一〇年前、下田から国外脱出をくわだてたときも、門人金子重輔《かねこじゅうすけ》がそばについていたが、ただひとり、ということは、藩の中に、新島の同志、ともに計画しともに行動する人間が一人もいなかったことを意味している。それだけに新島の脱出は悲壮であった。彼の住んでいる小世界、安中藩の江戸屋敷の中には、現状打破の精神、反体制の思想などというものは、どこにも息づいていなかった。それはもちろん藩主が譜代大名であることと関係があっただろうし、将軍家の城の濠《ほり》のまぢかに藩主もその臣たちも住まわされていることと関係があっただろう。長州の青年五名は、ひとり当たり一〇〇〇両という途方もない大金を用意してもらったので、お金の心配はまったくなかった。幕府の留学生としてオランダへ派遣された西周《にしあまね》、津田真《ま》道《みち》、榎本武揚《えのもとたけあき》らはそれぞれ一年間に一六〇両前後の手当(2)を支給され、これも何ら不安はなかった。それにくらべて、米船に乗りこんだときの新島のふところの中は、わずかに四両、心細いなどという程度を越していたといわねばならない。

外国へわたって、それから先のあてというものは何もない。ただ、自由と文明への強烈なあこがれが新島の頭の中にうずまいていて、閉ざされた日本の中に、自分をいつまでもつないでおくことができなかったのである。まだ見ぬアメリカ合衆国に心をひかれ、そこへ行けば、さまざまな夢が実現されるだろうという期待はあったが、といってどうしてもアメリカでなければならなかったわけではない。人民によって選ばれた大統領ではなく、王の統治しているヨーロッパの国であっても、行けるならそれでよかったのである。

密航者にたいする取り締まりは厳重であったが、脱出はあやうく成功した。新島をのせた米船は一路上海へ。そして上海からは別の船が彼をアメリカまで運んでくれることになった。その船は貨物船であったために、中国や東南アジアの港で、荷物を積んだりおろしたりしていた。ときにはあともどりすることもあり、アメリカ大陸へいつ着くかの見通しもはっきりしなかった。

翌元治二(一八六五)年二月二十二日の朝、今度は薩摩の青年一五名が、島津藩の正式留学生として、しかし幕府にたいしては内密で、日本をはなれ英国に向かった。一行の中には、一七歳の少年、のちに初代の文部大臣に就任した森金之丞(有礼《ありのり》)もまじっていた。

密航の事実が、あとで幕府に知れたときのことをおもんばかって、一五名はそれぞれ変名を用いることにした。森金之丞は名を沢井鉄馬と改めた。森が留学生に選ばれたことを知ったとき、母親は大いによろこび、息子が万里の外に出ることについて、いささかも心配の様子をみせなかったと伝えられている(3)。一行一五名というにぎやかさ、それに費用の面はすべて藩がみてくれることではあり、国禁を犯しての渡航といっても、悲壮感などおよそなかっただろうと推察される。

薩摩の西海岸、串木野《くしきの》の羽島、そこは開港場でもなんでもないへんぴな漁村である。そこへ前もって打ちあわせておいた英船が迎えにきてくれた。一五名は、幕府の役人の目をはばかる必要もなく、白日のもと、国外脱出を実行に移すことができた。長州の場合が半密出国なら、これは四分の一密出国といってもいいだろう。

先にのべた長州の井上、伊藤、そして薩摩の森は、それぞれあとになって新島襄ならびに新島襄のつくった学校同志社とかかわり合いをもつことになり、特に森は三人の中でも、もっとも深いかかわり合いをもつことになる。

ひとつ指摘しておきたいのは、彼ら三人は、国禁を犯して外国への留学をあえてしたにもかかわらず、日本へ帰ってくると、薩摩の森はその日から活発に動きまわったということ、長州の井上、伊藤も、逮捕される心配はたいしてしていなかったという点である。それに反して新島は、アメリカへ渡ったのちも、国禁を犯したという罪悪意識のようなものをながくもちつづけていた。自分の名前が表面に出ること、公になることをおそれていたし、無事に故国へ帰れるとは思っていなかった。日本の港へもどれば、ただちに逮捕されるであろうと考えて、暗い気持ちにもなっていた。新島が、明治政府によって、国外脱出の罪を抹消され、のびのびとした気持ちになるのは、日本を離れて六年近くたってからである。新島は、長州ないし薩摩に生まれなかったために、ずいぶん損をしたといわねばならない。

しかし一方、アメリカへ上陸してから、新島が非常な幸運にみまわれたことも、見のがしてはならない。新島は、裕福で、心あたたかく、信仰あつい一人の紳士とその妻にめぐりあうことができた。夫妻の持続的な愛情と保護のもとで、新島は、異国にいながら、安心して勉学をつづけることができた。

新島とほぼ同じ時期に、国外脱出をくわだて、成功した無名の日本人は、おそらくほかに何名かいたであろう。西周は、彼の「オランダ紀行」の中で、パリで出会った日本人白川健二郎(賢)のことに触れているが、[4]白川は日本をぬけ出して、フランスまでたどりついたものの、新島のような幸運にめぐまれることはなかった。白川は埼玉の人、年若いころからヨーロッパへわたって勉強したいという志をいだいていた。横浜から外国船に乗りこもうと機会をねらっている青年白川に接触した一人のフランス人は、白川に精神があって策のないのをあわれみ、彼をフランスまで行けるように、そしてパリで生活できるようにしてやった。しかしその当時、パリでは薩摩出身の日本人ばかりがはばをきかせていた。彼らは、他国者の白川、密出国者白川にたいしてはつれなく当たった。白川はそのために海の中に姿を消した、と西はしるしている。

悪事を働いて、伊豆の戸田に停泊しているロシアの軍艦内に逃げこみ、そのままロシアへわたって、ペテログラード(レニングラード)でながいあいだ生活していた立花康哉(橘《たちばな》耕斎《こうさい》)のことは、かなり広く知られている。彼は遠州掛川の藩士、ペテログラードに住みついてからまもなく、ロシア外務省の仕事を手伝い、文久二(一八六二)

年福沢諭吉をふくむ日本人の使節団がやってきたときには、表面には姿をあらわさなかったが、かげで使節団のもてなしに協力した(5)。ペテログラード大学の教授をつとめた(6)という説もあるが、明治六(一八七三)年岩倉具視《ともみ》全権大使の訪露のさい、すすめられて一〇年ぶりで日本にまいもどってきた。写真(7)をみるといっかどの人物であったと思われ、その生涯は多彩だったといえるが、帰国後はロシアのスパイ扱いをされたとか、仏門に深くこもったとか、みじめな死に方をしたとか、さまざまに伝えられている。

さいごにもう一人、会津の藩士田中茂幸《しげゆき》は、函館へ来て英学を学んでいるうちに、元治元(一八六四)年二月、南部の下風呂(青森県北岸の温泉地)へ湯治に出かけると称して出港、そのまま消息不明になってしまった。新島は、田中のことを〝旧友(8)〟と呼んでいるが、おそらく江戸で英学をともに学んだあいだがらであったのだろう。新島は、同年四月に函館にやってきたので、田中には会いそこねてしまった。「函館紀行」の中で、新島は、英国商人デウスのところで田中は英語を学んでいたというからには、たぶんデウスをたよりに英国へわたったのであろうと推測している。田中にしても新島にしても、横浜港からの脱出は絶望的であると判断し、さいはての函館港なら、あるいはどこかに抜け道があるかもしれないと思って、はるばるやってきたのであろう。

田中、新島以外に、函館港から姿を消した日本の青年は、ほかにもまだあったかもしれないし、脱出に失敗して幕吏にとらえられ、クビをはねられた者もなかったとはいえない。

海外先進諸国とその文明へのあこがれは、いままでにのべてきた青年たちに多かれ少なかれ共通したものであったが、国外脱出への内的衝動の強さという点では、新島におよぶ者はなかったとみなしていいのではないか。文明といっても、キリスト教的文明へのあこがれは、新島だけにみられるものであり、また当時の新島の意識の中には、近代的自由の概念はまだ存在してはいなかったけれども、封建的日本の不自由を不自由と感じる感覚は不思議なくらい強かったし、それが彼をして海外の自由な天地への脱走に踏みきらせたものと思われる。そのような意味をこめて、第一章のタイトルを「自由と文明へのあこがれ」とした。新島の国外脱出のおもな動機を、キリスト教に求めることはあやまりで、キリスト教は文明の中に含まれていたと解したい。

注

(1)　伊藤、井上らの脱出については、『伊藤博文伝』著作者代表金子堅太郎、一九四〇年、統正社刊。『井上伯伝』中原邦平編述、一九〇七年、私版。『伊藤博文』渡部英三郎著、一九六六年、筑摩書房刊、などによった。

（2）『西周全集』第三巻、一九六六年、宗高書房刊、「オランダ紀行」、三四四ページならびに「西家譜略」、七三八ページ。
（3）『森有礼』大久保利謙著、一九四四年、文教書院刊、一四ページ。
（4）『西周全集』第三巻、三六〇ページ。
（5）『福沢諭吉選集』第六巻、一九五一年、岩波書店刊、「福翁自伝」、一三九ページ。
（6）"Report from Hokkaido" the Remains of Russian Culture in Northern Japan, by G. A. Lensen. 一九五四年、函館市図書館刊。
（7）右"Report from Hokkaido"の写真版参照。
（8）『新島先生書簡集』続、森中章光編、一九六〇年、学校法人同志社、同志社校友会刊、「函館紀行」、二〇二ページ。

二　新島襄の誕生と家系

新島襄は、どのような環境の中に生まれ、どのように育っていったか。環境と対決しながら、新島は自らをどのように形成していったか。これらを記述するに当たって、われわれはまず、新島自身が書きのこしたもの、ないしは新島が口頭で語った事がらの記録をよりどころにしなければならない。

新島は自らのおいたちを語った文章を二度書いている。この二つ[1]は、江戸で生まれたときのことからアメリカのボストン港にたどりつくまでの二一年間を扱っている点で共通しており、ボストンの紳士アルフュース・ハーディー夫妻に読んでもらうために書かれたという点で共通しており、英語で書かれたという点でも共通している。

ちがっているのは、最初の手記は、新島がボストンに上陸した直後に書かれたものであるのにたいし、第二の手記は、それから二一年経過して新島が四二歳のときに書かれたものであるという点、分量からいうと、前者は後者の四分の一に過ぎず、後者のほうがはるかにくわしいという点である。

われわれが新島のおいたちを叙述するに当たっては、くわしいほうの手記を、おもなよりどころにするのは当然といっていいだろう。しかし第一の手記と第二の手記とが、相互にくいちがっている場合、どちらを採用するかという問題があり、そういう比較検討を、いままでの新島襄伝の著者たちは行なっていない。

これら二つの手記のほかに、新島の日記、手紙、紀行文はある程度のこっており、これらをもとにして、新島の幼いころから、日本をはなれてアメリカ合衆国の土を踏むまでの成長の過程を、再構成することがまがりなりに可能になる。

つぎに新島襄の家系にかんする資料としては、襄の父民治《たみはる》(2)の書きのこした「新島氏家統記」(3)がある。しかしいままでに刊行された新島伝で、この「家統記」を使用したものは一つもない。一九二三(大正十二)年警醒社から『新島襄』を刊行した上州人根岸橋三郎は、新島の家系、おいたち、新島家の日常生活を明らかにしようとして、聞きこみと実地調査のために各地をかけずりまわり、新島の手紙など貴重な資料を入手し所蔵していた。ただ、彼は新説を提出するが、根拠を明示しないということがあり、聞きこみも、どこのだれから聞いたのか信憑性が弱く、特に想像をたくましうしすぎる点で、出版直後手きびしい批判(4)をも受けた。

新島襄が生まれたのは、天保十四(一八四三)年一月十四日(陽暦二月十二日)である。新島が学んだアーモスト大学の記録では二月十五日となっているが、これはアーモストに入学したとき、新島が自分の生年月日を申告するに当たって、太陰暦を太陽暦に改めるときの計算がまちがったものと推定される。

現在、神田一ツ橋に新島生誕の地を記念する碑が立っている。新島襄の誕生は、黒船が浦賀沖にあらわれて、日本の国全体が大きく揺さぶられるときよりもまだ一〇年前であった。江戸幕府は、すでに末期的症状を呈していたけれども、世間一般には、まだまだ天下泰平がつづいているような、これから先もながくつづくような錯覚があっただろうと思われる。

新島家では、すでに女の子が四人、つぎつぎに生まれていた。近く五人目が生まれようとしているが、今度もまた女の子であろうか。今度こそはどうぞ男の子をさずけてくださいますように、父母も祖父母も、そしてことによると頑是ない小さな姉たちも、手を合わせて神や仏に祈っていたであろうと思われる。

一月十四日巳の中刻(午前一〇―一一時)、うぶ声がきこえた。生まれてきたのは男の子であった。祖父弁治は思わず「しめたッ！」とさけんだ。もしも今度も女だったら、という不安は消えて、家の中にぱっと陽光がさしこんだ。もはや新島家の相続人について心配する必要はなくなった。五人目にやっと男の子を生んで、母親としての責任をはたした民治の妻とみの表情は、さぞかし明るいものだったであろう。

松の内で、家の内外にはまだ七五三《しめ》飾りがしてあった。お正月を祝うそうした雰囲気の中で、新しく生まれた男の子に、七五三太《しめた》という名前を祖父弁治がつけたとき、自分自身の「しめたッ！」という声に現われた内心の感動が、おそらくそこにまざり合っていたのであろう。ものごころがついてから、七五三太は、そのような話を、家の人や近所の人からきかされた。

当時のならわしからいって、身分の低い新島一家は、長屋住まいをさせられていたであろうし、その長屋は、二階建てだったとみなしていいだろう。二階といっても、天井は低く、ものを置くのと、人間が寝るのとが、せいぜいだったのではなかろうか。祖父、祖母、父、母、四人の女の子、そのほかに祖父の母が同居していたということであり、そこへ赤ん坊の七五三太が新たに参加したのだから、一家総数一〇名、さぞかしにぎやかでせせこましかっただろうと想像される。

　もちろん新島家の家族構成については、つぎつぎと異動があり、曽祖母の死、七五三太の弟双六の誕生、祖母の死、姉の嫁入りというようなことはあった。夜は、ざこ寝ではなく、スクリーンであいだを区切って、みんなべつべつに寝ていた、と新島襄はアメリカへ行ってから、ミス・マッキーン(5)に語っている。そのスクリーンというのは、几帳のことだったのか、それとも屏風のことだったのだろうか。

　七五三太の父親である民治は、腰に両刀をさしてはいたものの、実際は、筆一本で主君に仕えている文官的小役人で、記録を作成し、書類を保管することが仕事であった。近所の子どもやおとなを集めて習字を教えたりもしていたが、弟子たちから「えびす」というあだ名をつけられていたということであり、こわい人でなかったことは、まちがいないだろう。大志をいだいていたわけではなく、机の前にすわって字をかくことに満足していたおだやかな人物、母親もこれといって目だったところのない平凡な女性だったので、どうして新島襄のような気性のはげしい子どもが生まれたのだろうかという疑問も起こる。そこで隔世遺伝ということばを思い出して、祖父弁治に注意を向ける人も出てくるわけだが、祖父弁治は、ただのご隠居さんではなく、性格は民治とはまるでちがっていた。何よりもまず彼は新島家の戸主であり家長であった。「横へどっしりとした、眼の鋭い、口のしまった、剽悍《ひょうかん》性の」人物だったということで、孫の七五三太が生まれたときは五八歳、まだまだ元気さかんで、家督を息子の民治にゆずる気配などさらになかった。しっかり者で、何かと世話をたのまれて動きまわることが多く、そのためにいろいろと臨時収入もあった。つき合いは、サムライたち相手よりも、屋敷外の町人相手のほうが多く、愉快に派手に暮らしていたようである。女房を二〇人近くとりかえたという説はともかくとして、羊のようにおとなしい息子の民治とは、かなりきわだったコントラストをなしていたと思われる。

(6)

(7)

七五三太の父や祖父の話はいいとして、曽祖父の話まで聞かしてもらう必要はないと多くの読者は考えるかもしれない。しかしこの曽祖父は、人殺しをやってのけたあと姿をくらまし、残された家族の運命を大きく変えたのであるから、叙述からはずすことはできない。

「家統記」によれば、曽祖父は、上州安中藩の足軽で、名は中島忠七、新島忠七ではなかった。文化十(一八一三)年「余儀なき次第にて刃傷におよび、先方打ち果たし、それより家出」、中島家はそのため押込(閉門)を藩主からおおせつかり、中島という姓を使用することも禁止された。忠七の長男秀八は、そのとき数え年二八歳であったが、やむをえず姓を新島と改め、秀八という名を弁治に変えた。「家統記」には、新島は母方の苗字であるとしるされているが、根岸橋三郎は、母方の新野《にいの》の新と、従来の中島の島と、二つを合わせて新島という新しい苗字がつくられたのだとのべている。ところがこの事項にかんする一枚のメモが同志社に保存されており、筆跡は明らかに新島襄自身のもの、メモされた時期は明治十五年となっているが、これによると、新島の新は新野から、島は中島から来ていることが、二本の線によって明示されている。「家統記」の記述「母方の苗字」はまちがいで、根岸の説が正しいのかもしれない。

新島襄の家系にかんしては、「家統記」にしたがってともかくも戦国時代までさかのぼることができる。甲斐《かい》の武田勝頼《かつより》が、三河の長篠《ながしの》で、織田信長、徳川家康の軍勢とたたかったのは天正三(一五七五)年であったが、そのとき新島襄の祖先に当たるなにがしは、主君安中左近のおともをして、上州から三河まで出かけていった。そして敗残兵としてふるさとへ逃げ帰り、安中城のすぐ近くの郷原《ごうはら》(8)村に住みついて百姓を始めた。子孫は、あしたに夕に妙義山をながめながら田んぼをたがやしていたが、宝暦年間、つまり十八世紀のなかば過ぎに、中島忠七の父磯八が、安中藩主板倉佐渡守《さどのかみ》に召しかかえられることになった。農から士へもどったといっても、最低の足軽にとり立てられたわけで、磯八が安中城へ出仕した時期については、「家統記」も明らかにしていない。磯八以前は百姓であるから名前はわからず、系図は、つぎのような簡単なものになっている。

中島磯八――忠七――秀八改め
新島弁治――民治――七五三太

新島弁治は、文政元(一八一八)年十月、事件後五年目に、ひとり息子の民治をつれて安中を離れ、江戸に向かった。凶状もちを父にもって、安中では肩身がせまいということがあったのではないかと思われるが、神田一ツ橋外にある安中藩江戸屋敷に住むようになってからは、生活気分もがらっと変わったのではあるまいか。民治は、そのとき数えで一二歳になっていた。弁治は三三歳で、親子の年齢のひらきは小さかった。民治の実母のぶと、弁治がいつ連れそったかは不明である。

七五三太が生まれたとき、曽祖父の中島忠七は、江戸から遠くはなれた所でまだ余命をたもっていた。家を飛びだしたあとは流浪の生活を送り、活け花や盆画を教え、弟子をとってなんとか生計を立てていたが、そのうち旧地郷原村に帰ることができるようになり、屋敷や田畑もとりもどした。そして七五三太が生まれたその翌年の二月十日に死亡、数え年九〇歳であった。

その実子弁治は八五歳、孫民治は八一歳まで生きたのであるから、中島(新島)家は何といっても長寿の系統であるといわねばならない。民治の配偶者とみも九〇歳まで生きたのに、民治ととみとのあいだに生まれた襄は、無理をし過ぎたためであろう、長寿の仲間入りをすることができず、数え年四八歳ではやばやとこの世を去ってしまう運命となった。

注

(1) 二つの文章は、いずれもアルフュース・ハーディーの長男アーサー・シャーバーン・ハーディーの編著『ジョセフ・ハーディー・ニイシマの生涯と手紙』"Life and Letters of Joseph Hardy Neesima" 1891. の中におさめられている。

(2) 注(1)の"Life and Letters of Joseph Hardy Neesima"の中におさめられている民治の手紙は、すべてTAMIHARUになっているが、アーモスト大学の卒業生にかんする記録ではTAMIGEとなっている。襄の祖父弁治については、べんじ以外の読み方は考えられず、したがって父はたみじであろうかとも思われるが、たみじは重箱よみであり、やはりたみはるが正しいのであろう。

(3) 原物は、民治から養子の公義に伝わり、公義の長男得夫が保管していたのを、戦争末期、大空襲の直前、森中章光氏が東京都大田区千束町の宅を訪ね、「家統記」の原物を始め、貴重な資料を借りうけて同志社へもって帰ったため、灰になるのをまぬがれた。雑誌「新島研究」第四号(一九五五年五月、洗心会刊)には、「家統記」を資料として書かれた「新島先生誕生当時の家庭」(森中章光)が掲載されている。

(4) 安中教会の牧師柏木義円が「上毛教界月報」(二九三号)誌上に、根岸著『新島襄』への批判をのせており、この文章は『柏木義円集』第一巻(伊谷隆一編、一九七〇年、未来社刊)、四三九ページに掲載されている。

(5) 新島は、ボストンに上陸してのちまもなく日曜学校でPhebe Fuller Mckeenの教えをうけた。彼女は日本からやってきた青年に好奇心を感じ、自分の家に招いていろいろと話をきき、新島の答えを記録して、一冊の小さな本にまとめた。表題は"Upright against God"それにA Sketch of the Early Life of Joseph Hardy Neesimaというサブタイトルがついている。販売政策上の理由によるのか"The Story of Neesima"というタイトルも用いられている。「新島研究」の三五号と三六号に全文が収録されている。

(6) 根岸橘三郎著『新島襄』、一七ページ。

(7) 右の書、二〇ページ。

(8) 現在は、安中市に編入されてしまっている。

三　幼年のころ、手習いとおじぎ

新島七五三太《しめた》は、下級武士の家に生まれたにもかかわらず、貧乏のつらさを味わうことなしに育ったということは、まず確実だとみなしていい。

家長であり祖父である弁治の禄高《ろくだか》と、父である民治との禄高は、ほぼ同額で、七五三太が生まれたころは、両方あわせて一一両二分ほかに五人扶持、そしてこの禄高は、ちびりちびり増額はされたが、それだけでは一家はかつかつの生活しかできなかった。にもかかわらず新島家の生活にいくらかゆとりがあったのは、祖父、父、それぞれ副収入があったからであろうと推察される。ゆとりがあったというのは、新島襄の手記"My Younger Days"(1)を読めば了解されることと思うが、七五三太の祖母は、貧しい人々にはいつも気前よくほどこしものをしていたとしるされており、また祖母の葬式のときには、赤や紫や黒のけさをまとった僧侶たちがあらわれたという記述がある。七五三太が五歳のとき、小さな刀を二本買ってもらい、絹の着物をきせてもらい、お菓子や、紙だこや、こまや、その他おもちゃをいっぱい与えられて、とてもうれしかったという回想もあって、貧乏がつらくて泣いたという形跡はまったくない。

七五三太が、家庭の中でどのような教育を受けたかについて、「マイ・ヤンガー・デイズ」はつぎのようなエピソードを、一つの実例として伝えている。それは、過去の新島襄伝が、けっして紹介することを忘れなかった有名なひとくさりである。

ある日のこと、わんぱくざかりだった私は、母からいいつけられた用事をするのをいやだと言った。母が叱ると、私はぞんざいな言葉で言い返した。祖父はそれを聞いていて、つかつかと私のほうへやってきて、ひとことも言わずに私を引っつかまえ、寝るときに使うふとんで私のからだを包み、押し入れの中へほうりこんでしまった。一時間ばかり閉じこめられたあと、私はそのこらしめから解放されたが、それは私が祖父から受けた最初のこらしめであったと思う。ささいな落ちどにたいして、祖父のやりくちはきびし過ぎると思いながら、私は玄関のすみっこへ行ってひとり泣いていた。

しばらくたってから、祖父が私のそばへやってきて、もう泣かなくてもいいとやさしく言った。それから、いままでに聞いたことのないようなおだやかな、愛情のこもった調子で私に笹にかんするたとえ話をしてくれた。〈にくんでは打たぬものなり笹の雪〉という日本に古くからある句の説明をして、〈おまえにこの句の意味がわかるだろうか？〉と言った。そしてさらに祖父は〈おまえはまだ幼くて、ちょうど笹のようによわよわしい。雪がちょっと力を加えると、よわい笹は、簡単に折れてしまう。それと同じようにおまえの悪い性癖がおまえをそこなうようなことになったら、わしはどんなに悲しいだろう。わしがおまえを罰したからといって、おまえはわしがひど過ぎると思っているのか〉とじゅんじゅんと言いきかせてくれた。私は黙って聞いていたが、祖父の言ってくれていることの意味は十分理解することができた。私の悪い点を改めさせようとして、どんなに親切に考えてくれているか、ということもよくわかった。私は、いうことをきかなかった自分を心から恥ずかしく思い、祖父は自分をあのように罰したけれど、実はたいへん自分のことを思ってくれているのだということがわかった。私は、この話が、自分の幼い心に深い感銘を与え、いままでよりもっと立派な行ないをするのに役だったと信じている。

幼かったころに受けた家庭教育を感謝しながら、そしてあの世へ行った祖父をなつかしみながら、四二歳の新島は、しずかにペンを走らせたのであろう。

民治は、長男の七五三太が早く大きくなって、書道の師匠としての自分の手助けをしてくれることを願っていた。七五三太が、自分と同じように右筆として主君に仕えるようになれば、この上もないしあわせだと考えていたようである。幼い七五三太は、父の意志に従って、一日の半分は机の前にすわって、字を書くけい古をしていた。彼は、後年、幼いころの手習いを思い出して「退屈な仕事」"tedious business"とよんでいる。手習いそのものがきらいだったのではなく、手習いの時間がながく過ぎて、うんざりさせられていたのであろう。

父・民治と母・とみ.

七五三太につづいて、もうひとり男の子が生まれたが、家の中では六人の子どものうち長男の七五三太が特別大事にあつかわれたであろうことは明白である。しかし、いったん家の外へ出れば、そうはいかなかった。安中藩の江戸屋敷は、四〇〇〇〇坪ぐらいの広さだったと根岸はのべている。(1) だいたい正方形(一一〇メートル平方)に近い区画で、すぐ隣には本多豊後守《ぶんごのかみ》の屋敷があった。大名屋敷は、それぞれ一つの小世界を構成しており、そこにはいかめしい上下の別が存在していた。「足軽風情」の家に生まれた七五三太は、胸をはってあることはできず、身分の高い人々にたいして、いつも気をつかっていなければならなかった。「マイ・ヤンガー・デイズ」の中には、七五三太が九歳になったころの思い出が語られているが、母親は、七五三太にたいして、主君の臣のうちでも身分の上の人に向かっては、特別ていねいに頭をさげるよう、いつも言いきかせていたということである。身分の上の人に気にいられることによって、七五三太が父親、つまり自分の夫よりいくらかでも高い地位に引きあげてもらうことが彼女の願いであった。

しかし幼い七五三太は、それほど従順ではなかった。「マイ・ヤンガー・デイズ」の中には、つぎのようにしるされている。「自分の家のまわりに住んでいる少年たちの中には、そういうこと、つまりていねいな頭のさげかた、おべっか、お世辞を上手につかうとか、そういうことをやる者がいたが、私はそういうことに心を向けなかった。男の子として、私はそういうのをいやなことだと感じていた」。

新島七五三太の骨っぽいところが、早くも九歳のころから現われているのを、われわれは見のがしてはならない。

母親はしかし息子のそのような性質に気づいて、いっそう心配を強め、礼儀作法を教える塾に七五三太を通わせた。七五三太は一年以上もその塾で、ていねいなおじぎ、上品なものごし、うやうやしい立ちいふるまいをならわせられた。下級武士の家に生まれた以上、明けても暮れてもおじぎばかりしていなければならない。しかもおじぎにさいしては、頭は低いほどいいということ、それは幼い七五三太にとっても、わかり過ぎるぐらいわかっているはずであったが、それでもやはり納得できないところがあった。封建社会の礼儀作法にたいして、幼い七五三太は、漠然とではあるが疑問を感じ、反発をも感じ始めていたのである。

おとなになった新島襄は、ヨーロッパ滞在中、ローマ法皇に面接する機会をあたえられそうになったが、ローマ法皇の前に出た場合は、うやうやしくひざまづかねばならないということがわかって、面接を断念したという事実がある(3)。人間同士のあいだに上下のへだたりはないという思想のあらわれであるが、その思想はアメリカの民主的社会の中で初めて学びとられたのではなく、こちこちの封建社会の中で、ものごころのまだつかない子どもの意識の中に早くも芽ばえ始めていたのである。

七五三太は、九歳になってまもなくのころ、樽を跳び越えようとして足を踏みはずし、顔に大けがをした(4)。おかげで二か月ばかり、家の外へ出ることができず、左のこめかみに大きな傷あとが残った。七五三太は、それまでは走ったり、とびはねたり、タコあげをしたりすることが大好きであったが、けがをしてからは、男の子らしい荒っぽい遊びはいっさいやめ、家の中で本を読んだり、お習字のけい古をするようになった。近所に絵を教える人があり、そこへ行って花鳥山水の描き方をならうということもあった。七五三太は、大きくなってから、日記や手紙を書くとき、文字をならべるだけではなく、さし絵をそえていることが多く、スケッチもしばしば試みているが、これは幼いころ、絵をならったことの結果であろう。

藩主板倉伊予守《いよのかみ》勝明は、学問を愛好した殿さまとして知られ、著書もいくつかのこしているが、幼い七五三太にとっては、やはり恐怖の的であった。なぜかといって、封建君主は、今はきげんがよくても、つぎの瞬間にはがらりと変わって、自分の臣を手打ちにしたり追放したりするかもわからないからである。殿さまから、わずかでも好意を示された場合、それは臣どもにとって大きなよろこびであったし、ごますり、おべっか、ごきげんとりの発生は不可避的であった。

家老の尾崎直紀《なおのり》、この人に七五三太は特別かわいがられていたらしいが、彼の主君にたいするにがい諫言がくり返されると、主君はうるさいと感じた。配置転換が突如として行なわれ、尾崎は江戸屋敷から国もとの安中へとばされることになった。尾崎が江戸を去っていくとき、七五三太は父親に手をひかれて、町はずれまで送っていって別れをつげたが、そのときの悲しい切ない気持ちは、「マイ・ヤンガー・デイズ」の中に、簡素なことばで書きあらわされている。七五三太はさんざん泣いたが、その涙の中には、わがまま勝手な主君にたいするうらみも、こめられていたかもしれない。

注

（1）新島襄は一八八五(明治十八)年、恩人 Alpheus Hardy とその妻に読んでもらうために、自分のおいたちを英文で書いて送りとどけ、その全文がハーディー夫妻の長男 Arthur Sherburne Hardy の編著 "Life and Letters of Joseph Hardy Neesima" 1891. に収録された。一九三四(昭和九)年には、これが同志社校友会の手によって翻刻されることになり、そのさい "My Younger Days" という題名がつけられた。六〇ページたらずのこの小冊子は、幾たびか版を重ねて今日にいたっている。My Younger Days という題名を思いついたのは編集者森中章光である。

（2）根岸橘三郎著『新島襄』、二ページ。

（3）一八八四(明治十七)年六月十七日新島はそのことをイタリアから同志社生徒あてに書き送った手紙の中で報告している。

（4）「上毛教界月報」大正十二年五月十五日号に、七五三太が屋根から降り、油樽を跳び越えるさいに誤って切り石に顔をぶっつけ、血にまみれたまま医者のところへ運びこまれたのを目撃した八五歳(大正十二年当時なお存命)の老女の証言が編集者柏木義円によって紹介されている。

四　少年期、学問への意志の芽ばえ

七五三太は、一〇歳のときから漢籍を習い始めた。主君の命令で強制的にやらされたのであるが、先生は、添川廉斎《そえかわれんさい》という立派な学者であった。藩邸内に設けられた漢学所に通って、講義を二年、三年ときいているうちに、漢学への興味もすこしずつ湧いてきていたようである。

馬術や剣道の練習も、同じように主君の命令で、七五三太は一一歳のときからやらされた。しかしこのほうは、いっこうに実《み》がはいらなかった。そして一三歳になったころには、武道のほうのけい古はやめにして、漢学の勉強に打ちこんでいると、今度は蘭学をやれという命令が上からくだってきた。

藩主勝明は、近江国日野出身の田島順輔《じゅんすけ》(1)という蘭学者を新たに召しかかえ、臣のうちから三名の若者を選んで蘭学を学ばせることにしたが、七五三太は、その三名の中の一人に選ばれたのである。漢学所で学んでいる者のうち、英才とみなされている三人に、白羽の矢が当たったのかもしれないが、漢学がおもしろくなりかけていた七五三太にとっては、ありがた迷惑であったとも思われる。横文字のオランダ語に接して、七五三太は〝奇妙な国語〟だと感じたらしいが、主君の命令とあればいたし方なかった。新たに田島順輔の弟子となり、蘭学の手ほどきを受け始めたが、その田島は数か月後には、幕府から任務を与えられて、長崎へ行ってしまった。幕府の命令ということであれば、藩主勝明もどうしようもなかったのであろう。弟子の七五三太は、ぼんやりあとにとり残されることになった。

菅沼総蔵《すがぬまそうぞう》という青年は、三人の弟子のうちの一人であったが、彼は、せっかくやりかけた蘭学を中断することにたえられなかったのか、それとも恩師をしたう心が深かったのか、主君に願い出て、田島にくっついて長崎まで行き、そこで蘭学の勉強をつづけることを認可してもらった。七五三太にも、蘭学にたいする未練はあったが、菅沼だけが好運をつかむ結果になった。七五三太は、菅沼をねたましいと思ったかもしれない。まともな蘭和辞典、オランダ語自習書が、七五三太の手近なところにころがっているはずはなかった。途方にくれているところへ、思いがけなく主君勝明の死というできごとが起こった。安政四(一八五七)年四月十日のことである。

七五三太は、このとき一四歳であったが、彼としては、主君の死そのものよりも、後任者はだれかという問題のほうがより重大ではなかったかと推察される。勝明には六人の男の子があったが、どういうわけか、みんな若死にだったので、結果としては、弟の勝殷《かつまさ》があとをつぐことになった。

勝殷は、兄とちがって学問の愛好者ではなく、特に蘭学にかんしては、ひとかけらの関心も示さなかったようである。勝殷が藩主の地位についてからのちまもなく、七五三太は、菅沼総蔵あてに一通の手紙をしたためた。根岸橘三郎の『新島襄』には、この手紙(2)が採録されており、これを読むと、当時の七五三太の何ともやりきれない気持ちがよくわかる。幼稚な漢文で書かれているが、中味は重要で、ただ手紙の原物入手は今日もはや絶望であると思われ、日付けも、アドレスも確かめられないのは残念である。手紙の内容は、だいたいつぎのようなものである。

安政二年《(ママ)》正月、ぼくは先公の命を受け、君といっしょに田島先生のもとで蘭学を学ぶことになった。しばらくして田島先生は上命を受けて長崎へ行かれることになり、君も先生に請うていっしょに長崎へ出かけた。これは去年(安政三年《(ママ)》)八月のことである。その後ぼくは、添川廉斎先生から、蘭書を学ばんと欲して漢学を廃するなかれ、とたしなめられた。自分はそこで両方をやろうとしたが、両方を全うすることのできないことを知った。友人からも忠告され、ついに蘭書をあきらめることにしたが、君は江戸へ帰ってきて、蘭書を学べとすすめる。しかし今さら何の面目あって蘭書を学ぶことができるだろう。始め、先公は、ぼくらに蘭書を学ばしめようとされた。ところがぼくは先公の徳を忘れ、りっぱにやりとげないで、蘭書を廃してしまった。ああ何ということだろう。勝○誅すべきか、勝誅すべきか、自分はこれから先、自分自身に打ちかち、漢書を学ぼうと思う。君はどうぞ蘭書を勉強してくれ。ぼくは、こうべをさげ、君の栄名が天下にあがるのを待っている。再拝再拝

　勝○は、いうまでもなく現在の主君勝殿を指している。サムライの子が、自分の主君を「やっつけるべきか」などといっているのであるから、徳川の封建制もガタが来ていたということになるが、七五三太の心も荒れていたのであろう。

　この手紙は、安政四(一八五七)年の後半に書かれたものと推定される。この手紙をもとにすれば、七五三太は、安政二《（ママ）》年正月から菅沼らとともに蘭学を始め、翌三《（ママ）》年八月、田島は弟子の菅沼をともなって長崎へおもむき、翌四年四月十日、藩主勝明死去、菅沼は呼びもどされて江戸へ帰り、新島にたいして、もう一度蘭学をやるようにすすめた。しかし、新島としては、いまさらという気持ちが強く、それにしても学問を尊重する精神の欠けた新藩主にたいするふんまんは押えることができず、同じ年の夏か秋ぐらいに、菅沼にたいして手紙を書いた、ということになる。

ところが新島は、「マイ・ヤンガー・デイズ」の中で、一四歳のときに藩主の命を受けて蘭学を始め、約一年勉強をつづけたが、先生が長崎へ行ってしまったあとは、蘭学にたいする興味をしだいに失っていったと書いている。七五三太が一四歳のときというのは、安政四年であるから、菅沼あての手紙とのあいだに、二年間のくいちがいがあることになる。「マイ・ヤンガー・デイズ」のほうは、おとなになった新島が、少年のころを回想して書いているのであるから、思いちがいもあるだろうし、どちらを信用するかといえば、菅沼あての手紙ということにならざるをえない。

翌五(一八五八)年六月二十六日には、添川廉斎がこの世を去った。蘭学を心ならずも断念し、漢学を自分にのこされた唯一の道と思いさだめていた七五三太は、今度は漢学の師を失って呆然自失した。その翌月上旬、七五三太は、安中在住の尾崎直紀あてに、心をこめて一通の手紙(3)をさし出している。それはやはり漢文で書かれているが、「このごろ四方の風談を聞き、天下大乱あらんことを恐る」という書き出しになっている。この場合の四方の風談は、流言飛語に類するものと思っていいだろう。ときは安政五年の夏、黒船が浦賀に姿をあらわしていらい、すでに五年の月日が流れている。人心の動揺をおそれて幕府は「異国船の儀につき妄説いたすまじく(4)」というお触《ふ》れを出し、そのため瓦版は報道機関としての機能を発揮することができなくなっていたが、そうなれば流言飛語は必然的にはげしくならざるをえない。

一五歳の少年七五三太の耳にも、四方の風談は、絶えまなくはいってきたことであろうし、たとえ風談の中には、明らかに妄説と思われるものがまじっていたにせよ、精神の動揺を押えることは、できなかったと思われる。大乱が起こるのは避けがたいという予感、自分は前年元服の式をおえたといっても、しょせんは子どもである、今の自分に何ができるかと言えば、ひたすら勉強すること以外に道はないように思える。ではどのような手段をとって勉強するのか、七五三太は、救いを求めるような気持ちで尾崎に手紙を書いたのである。

「しかるに今さいわいにして乱未だ起こらず、今にして学ばずんば時を失うを恐る。故に儒家に託して書を学ばんと欲す、しかるに未だ俸を受けず」。

藩の漢学所で勉強するのなら費用もかからないが、添川廉斎が死んだあと、藩主のことを考えれば、絶望のほかはなく、どこかの塾へ行って書を学ぼうとすれば、お金がいる。ところが父の民治は、息子が自分の助手をしてくれること、将来は書道の先生になってくれることを願っていて、息子の学問にたいしてはぜんぜん熱意を示さない。七五三太は、この手紙を書いた翌年から、わずかながら俸給をもらうようになるが、このときはまだスネかじりの身分だった。それで、尾崎にたのんで、父親あてに一筆書いてもらい、自分が儒者のもとで勉強ができるよう、うまくとりはからってもらう心づもりだったのである。

家老尾崎直紀と少年新島七五三太とのあいだには、それまでにもときどき文通はあったもようである。尾崎は七五三太にたいして、書道をしっかりやっておけ、そして父親のあとをつげというようなことを言っていたらしいが、七五三太は、自分の尊敬している尾崎から言われても、書道にうちこむ気にはどうしてもなれなかったのである。手紙の中でも、自分はみみずのような字を書いてばかりいることを好まない、どうかこの非常時にさいして、いっしょうけんめい勉強しようと思っている自分の気持ちを察してくれ、あわれみをたれてくれと訴えている。

七五三太は、数え年一五になったとき元服の式をあげ、「敬幹」という諱《いみな》をもつことになり、新藩主勝殷から父民治の右筆職の手だすけを命ぜられた。藩主が外出するときは、同僚たちとともに玄関のわきにすわって、うやうやしく頭をさげる、お帰りというときには、また一同ずらりとならんで頭をていねいにさげお迎えをする。それは封建時代の武士にとっては何百年も前からのならわしであり、多数の同僚は自明のこととして行動していたが、七五三太の心の中には、なぜこんなつまらないことをしなければならないのだろうかという疑問が、またしても起きてきた。与えられた仕事は、記録の作成と保管ということで、同僚たちは、退屈さを、ばかばなし、うわさばなしでまぎらしていた。七五三太は、時間の浪費をいまいましく思い、ろくでもないおしゃべりばかりしている同僚とのあいだに、距離を感じるようになってきていた。彼は、尾崎から、何かいい便りがくるのではないかと期待をかけて待っていたが、安中からの便りは、尾崎が病気のため、七月十八日、この世を去ったという思いがけない知らせであった。

九月には、尊王攘夷派のリーダーとして知られていた梅田雲浜《うんぴん》、頼三樹三郎《らいみきさぶろう》など数名の志士が幕府の手で逮捕された。こうしたニュースは、たとい新聞やラジオはなくとも、江戸の住民の耳にはすみやかに伝わって、不安はかきたてられ、ながくつづいた泰平の御代《みよ》がようやくおわったことを、人々は感じ始めていた。

翌安政六(一八五九)年四月、板倉勝殷は短期間大坂城警備の任に当たるよう将軍家から命ぜられ、臣どもを引きつれて西へ向かった。新島民治もおともを仰せつかったので、七五三太は、父の留守中、右筆職の代理をつとめることになり、また父にかわって家塾の弟子たちに手習いを教えることになった。

しかし彼はこうした生活に甘んじていることがどうしてもできなかった。いつ、どこで、どのようにして先生を見つけたのか、はっきりしないが、彼はこのころ、中絶していた蘭学の勉強を再開する。公務を怠ってまでも蘭学の教師のもとに通い、そのために藩の留守居役から叱られたというのであるから、うちこみかたは、ちょっとやそっとではなかったとみなしていい。一方、蘭学を学ぶことの必要が、切迫した開港問題との関連で痛感される状況の中で、蘭学が、以前ほど危険視されず、学習の困難さも緩和されてきているという事情があった。福沢諭吉は、大坂の緒方洪庵《おがたこうあん》の塾で蘭学を学び、江戸へ出てくると鉄砲洲で塾を開き、弟子たちに蘭学を教え始めていたが、七五三太が二度目の蘭学研究にはいったのは、それから半年ぐらいのちであったと推定される。

この年の十月には思想犯吉田松陰、頼三樹三郎、橋本左内その他多数の志士が死刑の判決を受けた。首をはねられたのは小塚原の刑場で、目撃した民衆は、口々にショッキングな事実を語り伝え、うわさはたちまち江戸全体にひろがったことであろう。

こえて万延元(一八六〇)年藩主板倉勝殷は、大坂から江戸屋敷へもどってきた。七五三太は、新たに藩主の護衛、つまりボディー・ガードの役をおおせつかった。世相が険悪で、だれがいつ、ばっさりやられるかわからないような事態だったので、藩主としては多数の若いサムライたちに守ってもらっていないと不安であったが、七五三太として、これはおよそありがたくない役目であった。藩主が江戸屋敷をはなれて安中へ旅だったとき、七五三太はもちろん多くの同僚とともに、ながい道中を護衛の任に当たらねばならなかった。藩主はかごに乗って、そして臣たちは、ぼそぼそと徒歩で中仙道を北へ西へ向かった。そういうことを別に苦痛とは感じない臣たちも多かったが、七五三太はいやでいやでたまらなかった。

安中藩士でありながら、安中城をみたことのなかった新島七五三太は、この機会に初めて安中の城、安中の町なみをながめることができた。しかし彼の心はふさいだままだった。彼はオランダ語をちょっぴりかじってはいたが、フレイヘイト(自由)ということばに、その時までに出あっていたかどうか、出あっていたとしても、その意味を正しくとらえることはできなかっただろう。フレイヘイトないしフリーダムの訳語としての自由が、国内に通用し始めるのはずっとのちのことである。にもかかわらず、このころの七五三太は、心から自由を欲していた。主君によって拘束されたくない、ボディー・ガードのような愚劣な仕事から解放されたい。自分のやりたいことをやりたい、と切実に願っていた。そして本気で脱藩することを考えた。実行に踏み切るまでにはいたらなかったが、横井という家老に頼みこんで、殿さまの護衛の役目からだけははずしてもらった。

七五三太の少年期は、このあたりでおわったことにしよう。ときは万延元(一八六〇)年、七五三太はすでに一七歳に達していた。つぎの章では青年新島の思想と行動についてのべることにする。

注

(1)「マイ・ヤンガー・デイズ」の中に"Dr. Sugita"が新島ら三人の少年に、蘭学を教えたと書かれているため、多くの新島伝は、杉田玄端が板倉勝明に登用され、三人の少年を弟子にしたとのべている。しかし杉田玄端にそのような事実がなかったことは、その後の研究によって明らかにされ、新島七五三太のさいしょの蘭学の先生は、田島順輔であったことが「家統記」などによってはっきりしてきた。根岸橘三郎は、早くから田島の名前をあげている。「マイ・ヤンガー・デイズ」の中で、Dr. Sugita は、かっこの中に入れられているが、このかっこは、筆者新島の記憶があいまいで、自信がなかったことを表わしているものと思える。

(2) 根岸著『新島襄』、九〇ページ。

(3)『新島先生書簡集』一九四二年、同志社校友会刊、または岩波文庫『新島襄書簡集』同志社編。

(4) 小野秀雄著『かわら版物語』、一九六〇年、雄山閣刊、二四四ページ。

第一章　自由と文明へのあこがれ

一　海のかなたへの関心

ある日、新島七五三太は、江戸湾頭に出て沖あいをながめ、思わず目をみはった。オランダの軍艦の堂々たる姿がそこにあったからである。

それまでにも新島は、黒船の話は聞いていたし、本でも読んでいた。しかし現実に、外国の軍艦の偉容に接したのは、このときが始めてで、新島は強い衝撃をうけた。

新島の関心が、いままでとちがって新たに海に向けられ、航海、海軍、海外先進諸国の方向に傾斜し始めるのは、この日からだと言い切っても、おそらくまちがいではないだろう。日記がのこっていないので、正確な日付けはわからないが、万延元(一八六〇)年の十月前後のある日だったと想定される。場所はどこだったのか、はっきりはしていない。

新島は、お城か砲台を思わせる軍艦の力強い姿に圧倒され深刻に考えさせられたその日のことを、五年後、アメリカのボストン港で思い起こした。七五三太の乗っていった船の持ち主であるアルフュース・ハーディーとその妻は、日本からやってきた無一文の青年を、場合によっては助けてやってもいいと思い、いったいどんなつもりでアメリカへやってきたのか、と直接本人にたずねた。新島は、説明しようとしたが、船の中でおぼえた彼の英語はハーディー夫妻にはさっぱり通じなかった。

そこで新島は、自分の履歴と、祖国を脱出してはるばるアメリカまでやってきた事情を、時間をかけてゆっくり文章にすることにした。そういういきさつでできあがった新島の英語の手記は、ハーディー家に保存され、A・S・ハーディーの『ジョセフ・ハーディー・ニイシマの生涯と手紙』の中には、その全文が収められている。生まれて始めて外国の軍艦を見、考えさせられたときのことを、彼はつぎのように言いあらわしている(1)。

「われわれは海軍を創設せねばならない。なぜかといって、われわれの国は、海にかこまれているからである。もしも外国人が、われわれの国にたいして戦いをいどむならば、われわれは海上でこれと戦わねばならない」。しかし、私はつぎには別のことを考えた。

外国との貿易が始まっていらい、物価はあがり、日本の国は以前より貧乏になった。それは日本人が外国人と取り引きする方法を知らないからである。われわれはだから外国へ出ていくべきだし、貿易のしかたをおぼえなくてはならない、そしてわれわれは外国にかんする知識を身につけねばならない。

ところが政府(幕府)のおきては、私のこうした考えをすべて否定していた。私はだれもいないところで叫んだ。為政者はいったい何をしているのだ。なぜわれわれを自由にさせてくれないのだ。なぜわれわれを、かごの中の鳥、ふくろの中のねずみのような状態においておくのか、もうがまんできない、われわれは、こういう野蛮な為政者を打倒しなくてはならない、そしてアメリカ合衆国のように大統領を選び出さなくてはならない。しかし、何という悲しいことだろう。こんなことを考えてみたところで、私の力ではどうにもならないだろうから。

このときから私は、航海術を学ぶために、週に三回、幕府の軍艦操練所に通い始めた。(以下略)

いまここに引用した文章をもとにすれば、新島はオランダの軍艦を目撃したあと、じっとしておれないような気持ちになり、新たに決心をして軍艦操練所へ入所したことになる。ところが、それからさらに二〇年後に書かれた「マイ・ヤンガー・デイズ」では、順序が逆になっていて、軍艦操練所への入所が先で、軍艦を目撃したのはあとになっている。その部分をつぎに紹介してみよう。

私は、オランダ語で物理学や天文学を勉強したが、算数の力がぜんぜんないので、学問が上達しない。そこで算数を勉強しようと思って軍艦操練所へ入所した。操練所は、数学の有能な教師の存在する唯一の学校だった。この学校で、私は、教師たちの口から外国船の話をきく機会をもち、外国船を自分の目で見たいと願うようになった。ところが、ある日のこと、私は江戸湾内に停泊しているオランダの軍艦をまのあたり見ることができた。（以下略）

われわれはいったい、どちらを信用すべきであろうか。軍艦そのものにかんしても、前者の記述では一隻、後者では warships と複数になっていて、人間の記憶がいかに不確かなものであるかを改めて感じさせられる。ともかくも前者は五年後、後者は二十五年前の記憶にもとづいて書かれたものなので、著者としては、前者を信頼したいと思う。「家統記」には、七五三太の軍艦操練所入所の時期は万延元年十一月となっており、これがまちがっていないかぎり、オランダの軍艦目撃は、同じ年の十月前後ということになるだろう。

当時、操練所には全国各藩から五〇〇名ないし六〇〇名の若者が集まっていた。教師は、長崎の海軍伝習所でオランダ人の教えをうけた七名のサムライと、土佐生まれの漁民中浜万次郎であった。

太平洋を漂流中、アメリカの捕鯨船に救われた中浜は、アメリカの学校にはいって三年あまり英語、数学、航海術、測量術などを勉強し、日曜学校でキリスト教の教育をもうけた。日本に帰ってからは、幕府の役人の依頼を受けて、アメリカ人の航海にかんする著書を日本語に訳したし、捕鯨事業開発のために函館へも出かけていった。万延元(一八六〇)年一月、咸臨丸《かんりんまる》が太平洋をわたってアメリカを訪問するに当たって、操練所の教師たちは、全員乗り組みを命ぜられたが、特に中浜には、通訳としての大切な任務が与えられた。

同年十一月、操練所に入所した新島は、そのとき始めて中浜万次郎の姿に接したものと思われる。新島にとって、中浜は、英語がしゃべれる人物、海外にかんする新知識と、航海にかんする豊富な経験とを身につけたかがやかしい存在として映ったにちがいない。新島自身、いつかは海外渡航の機会に恵まれるかもしれないという望みをいだきながら、勉強にはげんでいたと思われるが、夜、行灯《あんどん》のうす明かりの下で本を読みすぎ、そのため目を悪くしてかなり長期にわたって、時を空費したということもあった。

そのころ、老中板倉周防守勝静《すおうのかみかつきよ》が、洋型帆船《スクーネル》一隻をアメリカから購入した。その帆船は、快風丸と名づけられ、江戸から備中(岡山県西部)の玉島へ向けて初航海することになった。板倉周防守は、備中松山(高梁《たかはし》)の藩主で、新島の主君である板倉伊予守にとっては本家筋に当たっていた。そういう関係から、だれを乗り組ませるかというときに、航海術の心得のある者として新島の名前があがった。そして周防守の依頼によって、伊予守が修業をおおせつけるという形をとって、新島の乗り組みは実現した。

文久二(一八六二)年十一月十二日、快風丸は浦賀を出帆した。二本のマストにとりつけられた何枚かの帆が、風をはらんでいっせいにふくらみ、へさきが波を切って前進するとき、ありきたりの帆かけ船しか知らない日本人は、おそらく壮快な感じをうけたであろう。

しかし帆船はやはり帆船でしかなかった。当時、蒸気船であれば、江戸から大坂まで四日そこそこでいけたものを、快風丸は一六日もかかった。西風が強く吹けば船はすすまず、風がばったりとまれば、それはそれで船も動かなかった。快風丸が目的地の玉島にようやくたどり着いたとき、新島はほっとするとともに、疲れが急に出てぐったりと横になってしまった。しかし航海のおかげで実地練習ができたことはしあわせであったし、行く先はアメリカでもなくヨーロッパでもなかったけれど、スクーネル帆船にのっての初航海ということで、新島の満足感は小さくなかったと思われる。アメリカでつくられ、アメリカ人から日本人の手にわたった帆船の中で生活し、自ら帆船を動かしているうちに、新島はアメリカを文字どおりハダで感じたであろうし、新島とアメリカとの特別深い関係は、このときから始まったといってよい。

「玉島兵庫紀行」(2)と題される新島の短い文章の中には、このときの航海の思い出がしるされているが、備前の下津井港に船がはいったとき、土地の人が大勢、はしけにのって快風丸に近づいてきて、ぜひ見学させてほしいと言った。スクーネル帆船が珍しかったのである。快風丸のがわは、男だけを許可することにしたところ、女たちがわあわあとさわぎ立てたので、しかたなく女たちの乗船をも認め、甲板の上をあるくことだけを許したという記事がある。スクーネル帆船をあやつって、はるばるやってきた新島は、このとき誇らしい気持ち、ちょっとした優越感を味わったかもしれない。

新島は、大坂港に上陸したとき、生まれて始めて牛肉を食べたとも書いている。(3) 兵庫では楠公の墓まいりもしている。見聞をひろめ、視界をひろくしたということは、新島にとって愉快なことであったにちがいない。

それればかりではない。彼はこの三か月ばかりの旅行の期間、初めて封建君主の支配、抑圧、拘束から解放されているという実感をもった。このころの彼にとって、自由という概念は未知のものであったが、後年、「マイ・ヤンガー・デイズ」を書きながら、快風丸の航海を回想するくだりになると freedom(自由)ということばがつづけさまに二度あらわれる。航海中に味わったのびのびした気持ちを、年をへだてて振りかえってみれば、それはまさに自由であった。

快風丸が帰途につくころは、新島もスクーネル帆船を動かすことに、いくらか慣れてきたであろう。正月は紀州沖あたりで迎えたのであろうか、船は江戸へ向かってゆっくり進んだ。

注

（1） "Life and Letters of Joseph Hardy Neesima" p. 6.
（2） 『新島先生書簡集』続、一八一ページ以下。
（3） 「マイ・ヤンガー・デイズ」、三七ページ。

二　不安と動揺の一年二か月

快風丸がつつがなく江戸湾にもどり、新島が船からあがったのは、文久三(一八六三)年一月十四日で、彼の満二〇歳の誕生の日にあたっていた。この日から数えて一年二か月のちに、快風丸は、こんどは品川沖を出帆して、太平洋沿岸ぞいに函館へ向かうことになるが、このとき新島は二度目の乗船の機会をつかむことができた。船の上での生活、函館でのかり住居、そしてそのつぎに来るものは国外脱出であった。

この一年と二か月は、彼が生きていくための目標を、はっきりと立てることができず、思想的に動揺し、一方、聖書を通してまことの神の存在をおぼろげながら意識し、先進諸国へのあこがれを強め、もしも日本を脱出することができるならばと本気で考え始めた時期であった。

彼は、快風丸に乗って玉島へ向かう以前に、藩主板倉主計頭《かずえのかみ》の認可をえて、自費で洋学者甲賀源吾の塾にはいっており、学問にうちこめる条件はあった。しかし三か月間の航海と解放感とを味わった彼は、藩主のくびきから自分を切りはなしたいと思うようになっていた。できれば幕府直属の身分になって、軍艦操練所の中で働きたいと考えたこともあった。しかし操練所で働いている連中に接触してみると、〝野卑で不逞〟で、新島は、たちまち仲間入りする気持ちを失ってしまった。

　当時の勤王派志士による倒幕運動の嵐は、幕府がわの陣営の中におかれている新島の心情をもとらえていた。勤王派にたいして、私は全面的な共感をよせていた、と「マイ・ヤンガー・デイズ」の中でも書かれている。勤王派の志士のうちだれかが新島に接近したとか、新島が水戸学の研究に没頭したとか、そういう形跡はまったくない。ただ、日常生活の中で、古い体制と秩序にたいする不満と嫌悪が、新島の内部で年とともに強くなってきていて、古いものを打倒しようとする新しい勢力、新しい思想に心をひかれたのだと思われる。玉島旅行の途中、兵庫の湊川神社に立ちよって「嗚呼《ああ》忠臣楠子之墓」としるされた墓標の前で一拝また一拝、涙を流さんばかりになった(1)、と彼自身紀行文の中で書いているが、それはそのときの一時的感傷であっただろう。京都の天皇家への持続的な忠誠心というものは、その後どこにもあらわれてこない。

　新島は、佐幕派の陣営の中に身をおいており、いざという場合には、小銃をもたされて、倒幕派との戦闘にかり出されることも覚悟せねばならなかった。新島は、むしろ敵がわの陣営の中に、はいりこみたいぐらいであったが、そのことによって、自分の祖父や両親がどんなに悲惨な状況に追いこまれるかを思うと、決心は、どうしてもつかなかった。

そうした思想上のなやみ、家族の者との恩愛のきずなに苦しんで、神経質になり、いらいらしていたとき、一人の友人(a friend)が彼をなぐさめ、いたわり、危うく破滅しそうになっている状態から救ってくれた。

その友人は、新島を自分の家にまねいて、オランダ語の書物をいっしょに読んでくれたが、オランダ語の力は、新島よりずっと上だったということであるから、ひょっとしてこの友人は、長崎へしばらく行っていたあの菅沼総蔵(錠次郎《じょうじろう》)だったのかもしれない。新島は、いよいよ江戸を離れ、函館へ向かって出発するその当日のあわただしさの中で、菅沼あてに手紙をしたため、親しくお目にかかってお別れのあいさつができないことをわびており、アメリカへわたってからも、父民治あての手紙の中で、三度も四度も、菅沼によろしく伝えてくれと書いている。そのことは、新島が、江戸を離れるまでの時期に、菅沼から恩恵をこうむり、親切にされたことの証明であるだろう。

その友人は、貴重な書物をたくさん所有していて、新島につぎつぎと貸してくれたが、その中の一冊に、ダニエル・デフォー原著の『ロビンソン・クルーソー』を、オランダ語を通して日本語に重訳した『魯敏孫《ロビンソン》漂行記』があった。それは不完全な抄訳であったけれども、当時の新島の魂を、はげしく揺りうごかしたであろうことは、じゅうぶん想像できる。彼は自分の受けた感動を、家族の者にも共感してもらおうと思って、その本を祖父にみせた。弟はまだ一五歳で、すこし若すぎたし、保守的な父が理解を示してくれるとは思えなかったからである。祖父は一読したあと、孫七五三太にたいしておごそかに警告した。「こういう本を読んではいけない。こういう本はまちがいを起こすもとになる」。

そういわれて七五三太は、黙って引きさがったらしいが、遠い海のかなた、未知の世界へのあこがれは、はげしくかきたてられたあと、もはや消えることはなかった。ロビンソン・クルーソーの物語は、イギリスだけではなく、ヨーロッパ各国で熱狂的に読まれ、ブームがようやくおさまってから一〇〇年のちに、極東の一青年の心を強くとらえたのである。

新島は『魯敏孫漂行記』のほかに、同じ友人から、横文字を漢字に改めた数冊の書物を借りうけることができた。中国で宣教に従事していたアメリカ人ブリッジマン原著の『アメリカ合衆国歴史地理』(2)をひもとくことによって、新島は、アメリカ合衆国では大統領を選挙で決めるということ、授業料のいらない学校、貧しい人間のための施設、感化院、機械工場などがつくられていることを知った。新島は「すべての国の為政者は、アメリカ合衆国の大統領のようでなければならない」と考えた。そして「日本の為政者というものは、どうして自分たちを犬か豚のように扱うのだろう」とひとりつぶやいた。「われわれは日本の人民である。あんたがたがわれわれを統治するというのであれば、あんたがたは、われわれを自分たちの子どものように大事にしなければならない」(3)新島はそのように考え、そのときから、アメリカにかんする知識をもっとえたいと思うようになった。アメリカの大統領がリンカンであることを、当時の新島は知らなかった。

新島が借りうけた書物の中には、宣教師によってかかれた歴史地理の本や万国史の類のほかに、キリスト教宣伝の目的をもって刊行された文書、聖書の部分訳などもまじっていた。これらは、香港あるいは上海《シャンハイ》で印刷され、切支丹禁制の日本へ、秘密のルートを通って流れこんできていたのである。

新島は後年、アメリカへわたってから、すでにのべたようにミス・マッキーンというお嬢さんに、身の上話をしているが、その中で、日本ではりつけの刑に処せられるのは、臣(召使)が主君(主人)を殺したとき、子どもが親を殺したとき、聖書を読んだとき、この三つの場合だと説明している。当時の新島は、あやしげな英語しかしゃべれなかったであろうし、江戸幕府の切支丹にたいする弾圧を正確に伝達することはできなかったと思われるが、新島が極秘のうちに手に入れたキリスト教出版物を、人目につかないところで、生命の危険を感じながら読んでいたことはまちがいがない。そのことは幕府の政策にたいする新島の不満、反抗心の強さを物語っており、禁じられたものにたいする好奇心などということばで説明できるものではない。新島は、海外へ脱出することによって始めて国禁を犯したのでなく、このときすでに思想の自由、信教の自由を求めて、あえて国禁を犯していたのである。新島が国法にたいして従順であったとすれば、新島はキリスト教に接近することはなかったはずである。

新島は、かつてオランダ語の書物を読んでいるうちに、「天地の創造主」ということばに出あったことはあった。しかし新たに漢訳の聖書に接して、自分たちの住んでいるこの世界が、神の見えざる御手《みて》によって創造されたものであること、単なる偶然によってできたものではないことを教えられた。天地の創造主、神が、漢訳の聖書の中で「天父」と呼ばれているのを知ったとき、新島は眼を開かれたような気持ちになった。そしてそれいらい、実の父にたいする考えが、すこしずつ変わっていった。実の父は実の父であっても、ほんとうの父は、目にみえない、天上にいます父であるという信仰、そういう信仰が聖書を読んだすぐあとに芽ばえたわけではなかったが、微妙な変化が彼の内部に起こり始めたことを、彼自身認めずにはいられなかった。

「当時、外人宣教師に会って話をきくというようなことはできなかったので、多くの疑問点について説明をしてもらうことは不可能であった。福音が自由に説かれる国、神のことばを説く教師を送り出している国、そこへ今すぐにも行くことができたらと願った。神を、わが天の父と認めたからには、自分はもはや両親に離れがたく結びつけられているとは思われなくなった」と新島は「マイ・ヤンガー・デイズ」の中でのべている。そのころ、アメリカから日本に送り出された宣教師へボン、ブラウンなどが横浜にいることはいた。アメリカに九年も滞在し、カトリック教会で洗礼をうけ、アメリカに帰化したジョセフ・ヒコ(浜田彦蔵)も横浜に居住していた。新島は、彼らの存在について、おそらく人づてに聞いて知っていたであろう。しかし、かりに知っていたとしても、うっかり近づくことの危険は、新島にはじゅうぶんわかっていたはずである。

新島はそのころ眼病を理由に、軍艦操練所のほうをやめさせてもらうことにした。そして一方では藩の会計係にたのんで書籍代を借りうけ、英語の辞書や文法書を買ったりして、英学に身をいれていた。洋学者甲賀源吾の塾で、勉強にどの程度熱がはいったかについては、資料がないのでわからない。

元治元(一八六四)年の元旦を、新島はどのような気持ちで迎えたのだろうか。半年のちには、日本の国土から姿を消してしまうことになるが、元旦早々そうした計画を立てたわけではなく、またそうした計画が立つはずもなかった。ただ英学をだまって学びながら、新しい一年をむなしく過ごすのは耐えられないという一種の焦燥感が、おとそとともに彼の五体をかけめぐったのではあるまいか。

その年の三月七日に起こったできごとを、新島は「函館紀行」と日記にややくわしく書きのこしているが、これらによれば新島は当時、駿河台の友人川勝某の家に寄寓していた。つまり家族の者と別居していたことになる。その日新島は、航海書を読んでいたが、むつかしいところがいくつかあって理解できないので、中浜万次郎を訪ね、教えを請おうと思った。それで航海書をたずさえ、いつものように高下駄をはいて駿河台を下っていくと、向こうから武士が三人やってきた。三人のうちの一人は加納という男、もう一人は柏原という男で、ともに備中松山の板倉周防守の臣だった。お互いに顔を知っているあいだがらだったので、加納、柏原は、例の快風丸が四、五日のうちに品川を出帆して函館へ向かうことになっているが、乗船する気はないかと新島にたずねた。思いがけない情報に胸をおどらせながら、新島は、快風丸にのって函館へ行くということは、まさに願ったりかなったりであるが、期日もせまっていることであり、主君のお許しもえなければならないし、両親の承諾もえなければならない、なんとか道が開けるよう努力してみようと言って、三人と別れた。そして中浜を訪ねる予定を変更して、藩の目付け役飯田逸之助を訪ねて、援助を求めた。

新島は、その夜は興奮して、ほとんど寝られなかったが、翌日、話はうまいぐあいに進行した。板倉周防守は、この前、快風丸が玉島に向かうとき、新島を乗組員に選んだ人であり、今度も新島の乗船をよろこんで承諾してくれた。主君板倉主計頭の許可は、飯田が話をしてとってくれた。新島がそのことを知ったとき、感激して思わず「嗚呼《ああ》天我を棄てざるか」とさけんだ。

快風丸が出帆する前日、三月十一日に、新島は先輩の菅沼錠次郎(総蔵)あてに手紙を出している。中味は、自分はこんど函館へ行くことになったが、いっさいご相談をせず、またお別れのあいさつにもうかがうことができず、申しわけないので、一筆したためるしだいであるが、この三、四日函館行きのためばたばたし、日夜走りまわり、眠るひまもなく、今日の夕刻、周防守様のお船に乗りこむことになったので、失礼をどうぞお許し願いたい、というものである。

日夜走りまわり、眠るひまもなく、というのは、急に大旅行をすることになったのだから、荷物づくりその他準備に追われたのは当然として、その準備の中には、金のくめんもふくまれていたであろう。日ごろからのたくわえなどというものは、ほとんどなかったので、とり急ぎ藩主にお願いして十五両の金を用立ててもらい、まわりから餞別をもらったりしてようやく二十五両の金額をそろえることができたのである。二十五両あれば函館で半年ぐらいはもつという見通しがたったのか、たたなかったのか。いよいよ出発の日はきた。

注

(1) 『新島先生書簡集』続、一八四ページ。

(2) 「マイ・ヤンガー・デイズ」の中では a historical geography of the United States となっており、ボストン上陸直後にしたためた手記の中では an atlas of United States of North America となっている。A・S・ハーディーは『ジョセフ・ハーディー・ニイシマの生涯と手紙』三ページのところに注を入れ、新島がアトラスと呼んでいるのは、Dr. Bridgman 著の "History of the United States" (上海刊) のことであり、宣教師ブリッジマンが死んだあと、未亡人は中国から日本にわたってきて、横浜在住のアメリカ人宣教師ブラウンを訪問し、なき夫の著作を何冊か贈った、その何冊かがブラウンを通して配布されたのだと説明している。

(3) 犬か豚のように as a dog or pig という表現を、新島は若いころ好んで用いていたが、新島が日本内地で豚を直接見る機会があったかどうかは明らかでない。出所は、漢文の豚犬であるとみなしてまちがいないだろう。

三　送別の宴、江戸から函館へ

元治元(一八六四)年三月十一日、新島家では七五三太《しめた》のための送別の宴がはられた。親戚の者一同が集まって、別れを惜しむことになったが、さかずきに注がれたのは、清酒ではなくて水であった。言うまでもなく、水さかずきは、二度と再び会うことができまいと思われる場合に行なわれる儀式であって、家長弁治は、悲壮な決心のもとに、孫七五三太を送り出そうとしたのである。「そこにいあわせた者はみな泣き、祖父と私のほかはだれも顔をあげようとはしなかった」と新島は後年このときの情景を思い出して書いている。

一年半前、新島が快風丸に乗り組んで玉島へ向かったとき、家族の者は、喜び勇んで出かけていく彼を明るく見送ったであろう。そして三か月のちに彼は元気な姿で帰宅した。こんどの航海も、船は前回と同じ快風丸で、ただ行く先は、日本国内といえば国内だが、へいぜいゆききのほとんどない、なかば外国のような北の島である。それにしてもいったいどうして水さかずきということになったのだろうか。

新島は、快風丸が品川沖を出帆して近日中に函館へ向かうことを友人からきかされたその直前、駿河台のそばの宿で七言絶句を一篇つくっている。後半は「男児自《おのずから》有逢〈蓬〉桑志。不渉五洲都《すべて》不休」となっているが、自分には蓬《よもぎ》や桑のような盛んな志があり、五つの大陸をまたにかけてあるかないと気持ちがおさまらない、といっているのである。新島は、こういう詩を、祖父や父に見せるようなことはしなかったであろう。しかし見せなくても、家族の者は七五三太の気持ちを見すかしていたにちがいない。

この半年ばかり、七五三太のようすは、ただごとではなかった。机に向かえば、英学か航海術か、そういう勉強ばかり、学習上の便宜からか、それとも家族の者から遠ざかりたかったのか、家を出て駿河台に住んでいる。ものにでも憑《つ》かれたようなそぶり、何を思いつめているのか、家族の者はだいたい見当をつけて、ひどく気にしていたと思われる。そこへ突如として函館行きの話。反対しようにも、もう主君から許可が出ており、出張を命じるという形になっている。滞在期間は一年ということであるが、七五三太は、一年たてば必ず帰ってきますからご安心くださいということを言わない。函館は五年前に開港され、外国の船が出入りしており、異郷という感じの強いところである。その函館から、つぎには本物の異国へ行ってしまうのではないか、七五三太が、そういうとんでもないことをやりかねないという危惧は、家族共通であったが、やれるならそれもいいだろう、決行できるものなら決行させてやりたい、そういう気持ちは、祖父弁治だけがもっていた。

新島の日記によれば、祖父は、よろこびと悲しみと半分半分。母はひたすら悲しみにしずんでいるので、七五三太はつらかった。「しかれども他日、業成るののち、家に帰り、海山の恩を報ずれば、決して不幸の子に非ず」と自分で自分を慰めている。

四歳下の弟双六は、たよりにしている兄が遠いところへ行ってしまうというので、心ぼそかったのであろう。兄といっしょに家を出、いつまでも離れようとしなかった。七五三太は、叱りつけ、なだめて途中から帰らせたが、双六は泣いていた。双六は若死にをしたため、このときの別れは永遠の別れとなった。

七五三太は、その日の夕刻、品川から無事快風丸に乗りこんだ。

快風丸は、三月十二日品川沖を離れた。江戸湾の外に出るに当たっては、南風になやまされ、房総半島をまわって北上しようとするに当たっては北風になやまされた。

武士《もののふ》の思ひ立田の山紅葉　にしききざればなど帰るべき

これは太平洋の荒波をうけ、多難な前途を予想しながら、新島が詠じた決意表明の歌である。ときは三月で、紅葉の季節ではなく、立田の山を新島は一度も見てはいない。「にしききざれば」のまずさには新島自身あとで気がついて、「にしききずして」と改めたが、新島は一〇年後、たぐいまれな錦を身にまとって帰ってきたのであるから、この歌は秀歌ではなくとも、貴い記念品として扱わねばならない。

快風丸は函館に着くまで、いくつかの港に立ちよったが、それらの港には港町特有のあやしげな女がたくさんいて、新島は目をまるくした。江戸のくるわ街、たとえば吉原のあたりを、新島が同輩とともにうろついた経験があるのかどうか、そのへんのことはわからない。船が鍬ケ崎《くわがさき》(岩手県宮古の北)にいかりをおろし、乗組員が陸へあがったとき、どの家にも娼妓が二、三人あるいは四、五人住みこんでいるのに新島は気がついた。「鍬崎の様子を見るに驚くべき事あり」と日記に書かれており、さらに「此地《この》の人物、陽(男)は粗にして、陰(女)は獗猖《(ママ)》なる事甚《はなはだ》し、是悪《これにく》むべき風俗」という文字も見いだされる。

女が狂い猛《たけ》るというのは、是が非でも客を引きいれようとして襲いかかってくるということなのか、男が粗というのは、新島のふところがこの港でごっそり減ったことと関係があるのか。新島の日記の原本では、「是悪むべき風俗」につづく部分が、カミソリで切りとられている。行数にして二〇行あまり、切りとった人は、おそらく、新島襄の神聖さを傷つけてはならない、と思ったのであろうが、しかしこのときの新島は、漠然とキリスト教に惹かれていただけで、信徒ではなかった。一方、新島はアメリカ合衆国のニュー・イングランド地方(東北六州)の清教徒的雰囲気の中で生活を始め、教会で洗礼をうけてから、男女の関係についてにわかに厳格になったのではない。函館へ着くまで、函館へ着いてからの日記を読んでみても、性的行為にたいして普通の武士には見られない一種の潔癖さが感じられ、この潔癖さは、どこから来たのであろうかと考えさせられる。新島が友人から借りて読んだあの不完全な漢訳聖書が、知らず知らずのうちに、清いものを求める心をつちかったのであろうか。新島よりは五歳半年長で、若いとき新島と机をならべて蘭学や英学を勉強した津田仙は、六七歳になって若かりし日の新島を思い出し、つぎのように語っている(1)。

氏(新島襄)の伝記などを読んで見ると、始めから品行方正なる君子人の如《ごと》く書いてあるが、それは事実に相違している。しかし其の頃より宗教心に富み、且《か》つ義気の盛なる人であった。板倉藩主の妾某邪欲なりしを以て、之を刺殺せんと企てたこともあったけれども、同藩の人々に戒められ、之を中止したのであった。氏が十四歳のときから老生はよく之を知って居った。(以下略)

主君の妾の邪欲にいきどおりを感じて刺殺しようと思いつめるあたりに、後年、アメリカ東部にわたってピューリタニズムの空気にぴったりしたものを感じる新島の素質が、よくあらわれているようにも思える。

キリスト者としての信仰告白を神の前にまだ行なってはいなかったが、当時の日本の若者としては、性にかんして比較的潔癖であった新島が、港町の商売女の強引さに負け、思いきり金をふんだくられたからといって、別に恥さらしでも何でもないだろう。新島が日記の中で自己告白している部分を、わざわざカミソリで切りとるというのは、新島を、聖者として仰がなければ気のすまない教え子のひたむきな心情のあらわれと解するほかはない。

四月二十一日、船はようやく目的地函館に到着した。戦前、日本人がヨーロッパへ旅行するときは、インド洋を通り抜けてマルセイユまで、ひと月とすこしかかるのが普通であった。新島の場合は江戸から函館まで四〇日、もちろんそれは途中の港に何度も立ちよったためであるが、当時の函館がどんなに遠いところにあったかを物語っている。

一八六四年の函館は、神奈川、長崎とともに五年前からアメリカ合衆国、オランダ、イギリス、フランス、ロシアにたいして開放され、通商が許されていたので、これらの国々の旗をかかげた蒸気船あるいはスクーネル帆船が停泊し、日本の舟の数も多く、港内は活気を呈していた。薬師山のふもとには異国の領事館や官吏の住宅が立ちならび、旗は風にひるがえり、白壁に春の光がさして、新来の客新島の目を楽しませてくれた。

函館のロシア領事館付き司祭ニコライは、赴任してきてからすでに三年近くなっていた。東京都御茶ノ水駅の近く、大きな円屋根で知られているニコライ聖堂を創建したギリシア正教の大主教は、このころはまだ二七歳の青年であった。日本人にたいする布教は、堅く禁じられていたので、ニコライは他日にそなえて日本語や日本文化の勉強にはげんでいた。新島は、西洋人の家にとめてもらって、英語を学び西洋の事情を学びたいと考えていたが、ニコライは日本学を教えてくれる日本人を求めていたので、新島のニコライの家への住みこみは簡単に実現した。

新島は、ニコライが彼のため〝到れり尽せり〟にめんどうをみてくれたと日記の中に書いている。ニコライのために、古事記を読んでやることが新島の日課となった。ニコライはペテログラードの神学大学を抜群の成績で卒業した人物で、ドイツ語が得意であったが、英語は自信がなかったので、新島にたいしては英語のたっしゃなロシア人の士官を世話した。

新島は、ニコライとの接触を深めていって、ニコライを通して、ロシアとその文化の中へ、そしてギリシア正教の教えの中へ、はいりこもうと思えば、道はあるいは開けたかもしれない。しかし函館へ来たときの新島の内部は、すでにある程度かたまっていて、海外の先進国ならどの国でもいい、キリスト教という名前がついていれば、ローマン・カトリックでも、プロテスタントでもギリシア正教でも何でもいいというようなものではなかった。彼は蘭学を学んだのだから、西周や津田真道や榎本武揚のように、幕府がオランダに留学させてやるといえば、よろこんで出かけたかもしれない。しかし彼は、オランダがヨーロッパの中の一小国にすぎないことをすでに知っていたし、英学に転換することによって、アメリカとイギリスという二つの国の大きな存在をおぼろげながら認識するようになり、特にアメリカにかんしては、親近感と尊敬の念とが、玉島航行いらい一年あまりのあいだに、彼の内部に強く育っていたと推定される。

第一に、彼が生まれて始めて乗ったスクーネル帆船がアメリカ製であったということ、練習生としての彼が鋼具にふれ、帆にふれ船室の部分品にふれながら、まだ見たことのないアメリカという国、その文明を文字どおりはだで感じたということ、このことについては、すでに前節でのべた。

第二に、彼と中浜万次郎との関係は特に深いものであったとは思えないが、中浜からアメリカ滞在中の経験を直接きく機会はあったし、軍艦操練所の教師たちも、アメリカを訪問した人たちばかりであったから、彼らからもアメリカの実情を親しくきくことができたと思われる。漂流者としては中浜の後輩であるジョセフ・ヒコ（浜田彦蔵）、彼の名前は、新島の書簡の中に三度出てくるが、ヒコと新島とのあいだに面談ないし手紙のやりとりが行なわれたかどうか、証拠はない。しかしヒコとの関係はともかくとして、新島と英国ないし英国人との関係を示唆するようなものは、ほとんどなんにも存在しない。しいてあげるとすれば、英国の小説『ロビンソン・クルーソー』ぐらいのものである。

第三に、新島がアメリカ人宣教師ブリッジマンの著書を読んで、アメリカの民主政治に心をひかれたという彼の告白、ブリッジマンの書物についてI read it many times. といっている点から察して、彼が足を踏みいれたい第一の国がアメリカであったことはまず確実である。そしてアメリカのつぎは、おそらくオランダかイギリスか、どちらかであっただろう。

注

(1) 日本のメソジスト教会機関誌「護教」六九七号(明治三十七年十二月三日)「津田仙氏と語る」。

四　函館を脱出、一路上海へ

「函館へ着いたのち、私は英語の教師を捜し求めた。しかしいろいろ手をつくしても見つからなかったので、私は考えをすっかり変え、国外脱出を思いたった」。

新島がボストン上陸直後にしたためた手記の中には、このようにしるされている。しかしこの説明は誤解を起こしそうである。新島は、ミス・マッキーンにたいしては「外人宣教師もしくは英語の教師を捜し求めたがむだだった」とのべているが、宣教師ないし英語の教師がもし見つかっていたとすれば、新島は函館にゆっくり腰をおちつけてキリスト教を教わり英語を教わって、また江戸へ引き返したであろうか。新島の海外文明へのあこがれの強烈さから推して、それはとても考えられないことである。新島は、函館到着後の心境について、後年、たびたび語ったり書いたりしているが、「考えをすっかり変えた」と書いているのは、ボストンの手記の場合だけである。「マイ・ヤンガー・デイズ」の中では「私は函館で外国人と接触しようとした。彼らの好意によって国外に脱出することを、私はもくろんでいたのである」としるされていて、このほうがはるかに人を納得させる。函館へ着いてから気が変わったのではなく、江戸を離れたとき、国外脱出の決意はすでに固まっていたのであって、ただ、函館へ着いてからは、英語の力を身につけよう、できれば宣教師と接触し英会話を教わりながら国外脱出のルートをも教わろうと考えていたと解すべきであろう。

新島は、ある日、国外脱出の意志のあることをひそかにニコライにもらした。しかしニコライは賛意を表せず、いっしょうけんめい新島を思いとどまらせようとした。しかしくじった場合、死刑は必至という企てに、ニコライが軽々しく賛成するはずもなかったが、新島はがっかりした。しかし函館へ来てから知りあった三、四名の日本人は、あたたかく彼を力づけてくれた。新島は、日本の青年たちのあいだに、外国へわたりたいという願いが強いこと、それをおしとどめているのは、幕府のきびしい取り締まりであり、あとにのこした妻子へのおもんばかりであることを知った。自分の祖国に目を向ければ向けるほど、新島は、上から押えつけている暴政にたいして怒りを感じるようになった。

新島が新たに知りあった青年のひとり、福士宇之吉は、英国の商館に勤めていて英語もたっしゃであった。新島から秘密を打ち明けられると、福士は快く協力を約し、近く上海に向かうアメリカのスクーネル帆船の船長に話をしてくれた。

六月十二日、新島は、福士のはからいで船長セーボリー Savory と面談することができた。「函館よりの略記」の中で、新島はそのときの様子をつぎのように伝えている。「彼の国の学問修行いたしたく、且《か》つ地球を一周せんとの志願を談ぜしかば、彼深く我の志に感じ、遂《つい》に小子の志願を遂げしめん事を答え、且つ来る十五日の未明に彼の船当港を出帆せん由にて、十四日の夜九ツ時迄に彼の船に乗込むべき由を約束せり」。

脱出が仮に成功したとして、そのあとで事実が明らかになれば、福士の上にもセーボリーの上にも、わざわいがふりかかってくることは目にみえていた。しかしこの二人は、新島の切なる願いをかなえてやろうという気になって、義侠心を発揮し、からだをはって新島の脱出を助けたのである。

「函館脱出の記」の中で新島は「予《わ》れ不用の品物を売払いて取得〈せ〉し金子二両二

分、且つ我が持ちし金一両二分なる故、総計嚢《のう》中の金子四両なり、さて家を出るときは、二十五両の金子を持ちしが、海路に長く日を費やし今は如此《かくのごとく》困窮し、物件等をうり、ようやく四両の金子にあり付けり、嗚呼《ああ》我なんぞ金に縁なきや」としるしている。

二両二分と一両二分とを合わせて四両。それは国内でのひと月分の生活費だったであろう。海路に長く日を費やしたため、二十五両の中の大部分が消えてしまったというのは、東北沿岸の港町の女を思い起こさせるが、新島としては、貴重な金をばかばかしく消費した、ふんだくられたということで、くやしさと心ぼそさのため、泣き出したいような気持ちだっただろうと思われる。

新島襄の脱国扮装．アーモスト大学時代に再現したもの．

セーボリーの船の名前は、ベルリン号であった。新島がいよいよベルリン号に乗りこむその直前の行動にかんして、「函館脱出の記」と「函館日記」と「マイ・ヤンガー・デイズ」とミス・マッキーン編の「ニイシマの話」では相互にくいちがいがあり、われわれとして、どちらを採用すべきか迷う場合もある。「函館脱出の記」によれば、新島は、築地にあるポータ商会の福士を訪ねようとしたとき、近くの家でだれかがせきばらいをしたので、自分のはきものの音が他人の耳にはいってはと思い、雪駄《せった》(竹の皮ぞうりのうらに牛の皮をはりつけたもの)をぬぎすて、足袋《たび》はだしで福士の部屋に忍びこんだことになっているが、「マイ・ヤンガー・デイズ」では、遠くのほうで犬がないていたので、自分のはいているジャパニーズ・シューズの音が、犬の注意をひくかもわからないと思い、その場ですて去った、と書かれている。そういう遺留品は、後日幕吏が捜査した場合、証拠品になると思ったのであろう。福士は、はだしで飛び出していって、その雪駄をもち帰ってきたという点では、両方とも一致している。ともかくも細心の注意が払われたのであって、やがて二人はこっそり裏口から出、岸につないであった小舟に乗りこんだ。福士は、昼間その船をあやつって、波止場のあたりを予行演習をやったというのであるから、よくよくの慎重さだったといわねばならない。新島の荷物は、大きな風呂敷づつみ一つだけ、大小はそのなかに隠していた。新島が船底へひそんで、福士が船を岸から離すのをじっと待っているとき、見張りの役人が現われて船のそばへ近よってきた。普通なら二人はそこで尋問され逮捕されるところだったが、その役人は臆病人だったのか、まぢかまで来ないでふるえ声で「そこにいるのはだれか」ときいた。「私です」と福士は冷静に答え、「米船の船長に用件があり、明日まで延ばすわけにいかないので」と、うまくごまかしたので、日ごろから福士を知っているその役人は、船の底をのぞきこむことまでせず、真夜中のできごとでありながら、黙って船の離岸を認めた。沖合の米船に新島が乗り移ったとき、船長は待ってくれていて、新島の手をあたたかくにぎった。福士は、目的を達してひとりで引きかえし、新島はその夜は、船長の部屋の押し入れ store-room of the cabin の中にかくまわれて寝た。

翌朝早々、幕吏がベルリン号に乗りこんできた。出帆を前にして、もしや密航をくわだてる日本人がどこかにひそんでいはしないかと船内をていねいに調べたが、船長の私室の中をのぞくことまではしなかったので、新島は発見されずにすんだ。

幕吏が下船して、まもなく船は動き出したが、船長が押し入れのドアーをあけて新島を出してくれたのは正午ごろであった。新島は、甲板に出て函館の港を遠く遠くかなたに見て、脱出成功のよろこびをじっとかみしめたことであろう。ただ、ベルリン号の行き先の上海には、幕府の支配力がなおおよんでいて、そこには幕府の役人がうろうろしているとのうわさである。新島として、一〇〇パーセントの安心はまだできなかった。

船賃を払いたくても払えない新島は、船長の雑役をやらせてもらうことによってつぐないをした。しかし雑役をするためにも、英語の片言ぐらいは知っている必要があった。セーボリーは、しかし新島のために毎日時間をさいて英語のレッスンをしてくれるほど親切ではなかった。米人か英人かわからない船客が一人いて、その男は新島に、ときには荒っぽい調子で英語を教えてくれた。あるときその男が新島に何か用事を言いつけたが、新島は何を言われたのか理解できなかった。するとその男はとたんに新島をなぐりつけた。新島は激怒した。武士としてこの屈辱にたえられないということもあっただろうし、人種的差別、蔑視を文字どおりはだで感じたということもあっただろう、この無礼者生かしておけないと思って、急いで自分の部屋に帰り、日本刀をにぎった。しかしつぎの瞬間には理性が彼の行動にまったをかけた。これぐらいは、ささいな事ではないか、これから先、もっと苦しい試練に耐えていかねばならないのではないか、彼は自分で自分に言いきかせた。「私は自分の忍耐の足りなさを恥じ、二度と再び刀のつかに手をかけまいと決心した」と「マイ・ヤンガー・デイズ」の中にはしるされている。人一倍気性のはげしい新島は、憤激のあまり今まで何度か人を切り殺すことを思いたったが、この日から新島はおとなになった。大望を果たさなければならない自分自身を大切にすることを心がけた。

函館を出てから一〇日目の日記には、髪の毛を五寸強（五センチ）切ったことがしるされている。ばっさりとはやらなかったが、この小さな行為の中に新島の心境の変化を認めることができる。同じ日、一水夫からバイブルを貸してもらって読んだ。

ベルリン号は、本州の太平洋沿岸にそうて南下、三か月前のように、港々に立ちよることなく、四日目には早くも伊豆の島々を見、遠州灘から一路上海へ。揚子江河口では髪の毛をばっさり切った。いかりがおろされたのは七月一日だった。ベルリン号は上海から再び日本へ引きかえすことになっていたので、船長セーボリーは、ここまで連れてきた新島を、なんとかしてやらねばならないと思い、アメリカに向かう米船に新島が乗りこむことができるよう、骨を折ってくれた。

五　上海からボストンへ

七月九日、新島はベルリン号にサヨナラをして、別の貨物船に乗り移ることになった。一匹の飼い犬が、一人の飼い主からつぎの飼い主に手渡されるようなかっこうで、新島は、ワイルド・ロバー Wild Rover という名の米船に引きとられることになったのである。しかしその船の持ち主は、のちに新島の実の親以上の親となったアルフュース・ハーディーだったのであるから、ワイルド・ロバー号への乗りかえは、偶然のように見えて、実は新島の運命を決定する重大なできごとだったのである。

新島は、上海を離れてから一年のちにボストンに到着し、船主ハーディーにひきあわされた。そしてハーディーの好意によって、生活を保証され学校で勉強する道が開かれるが、その時期に新島がしたためた「函館よりの略記」[1]と題する文章は、七月九日のできごとをつぎのように伝えている。

同九日我の船頭〔船長セーボリー〕、或る船頭を透〈誘〉い来り、我に告げて曰《いわ》く、此船、無拠《よんどころな》き事件有之《これあり》、再び日本へ帰らねばならぬ故に、我この船頭をして汝を取らしむ。汝宜《よろ》しく彼に奉侍すべし。彼必らず汝の志願を遂げしめん。夕刻に他船の「メート」(助役)此船〔ベルリン号〕に来り、吾《われ》を連れ、他船に移らしめり。但、此船(ワイルド・ロバー号)は三本檣《マスト》にて、長さ三十間ヨ(余)、巾《はば》六間にしてワイルト・ロウアルと名づく、且《か》つ此船夫(船主)は、合衆国の名港波士頓《ボストン》の貴人アルヒユス・ハルデー君なる由、船頭はホレース・エス・テーロルと名《なづ》く、扨《さて》此の船頭は甚《はなは》だ立派なる人にして恰《あたか》も画きたる翰〈関〉羽の如し。船頭吾を呼てショーセフ

ワイルド・ロバー号(油絵)(チャタム歴史協会所蔵).

と名く。且つ吾に船頭部屋の掃除及び給仕等の役目を言付けり。

快風丸やベルリン号は、ブリッグとよばれる二本マストの小型帆船であったが、ワイルド・ロバー号は三本マストで、長さは正確には五十七メートル、幅九メートル、新たに乗り移った新島は、今までの船との比較で、おそらく心丈夫さを感じたことであろう。船長が自分をジョーセフと呼んだと書かれているが、実際は、ジョーで、新島の日記(七月十一日)の中に、船長テイラーが"I shall call your name Joe.〟と言ったことがしるされている。

新島は、これから先ながいあいだ船長テイラーの世話になるので、お世話になりますという気持ちを、形のあるもので表わさなければならないと思ったのであろう、肌身はなさずもっていた大小二本の刀のうち、大きいほうを船長に贈った。日本刀をもらった船長が非常によろこんだこと、そしてそれからしばらくして船長が新島に英語のバイブルを与えたことが日記にしるされている。

八月十一日、船は福建省福州の近くの港に停泊、十五日の日記には「今夜十五夜の月を見津々《つつ》父母の心如何を察すれば、自ら悲哀を催せり。支那に於《おい》而《て》此夜鶏肉を月に備〈え〉る由、日本の団子の如し。」としるされている。一年半のちに、新島は「函館よりの略記」執筆にさいして再び月見団子のこと、中国の中秋名月のならわしに触れ、「是実に馬鹿らしき事にして其国俗如何を徴するに足る。依願、我州人(わが国人)目をひらき正になすべきと為すべからざる者を差別せんことを。但し日月星辰は決して人間の敬拝すべきものにあらず」とのべている。お月さまに団子を供えたり、にわとりの肉をささげたりするのは〝馬鹿らしき事〟だという思想は、中国の沿岸を航行中当時の新島のものではなく、アメリカのピューリタニズムの空気の中で学びえた思想であったと思われる。新島は、自分の父親、自分の身内の者にキリスト教の道を教えるつもりで、日月星辰を創りたもうた唯一まことの神をこそ敬拝すべきであって、日月星辰に供えものをするのは〝馬鹿らしき事〟であると主張したのであろう。

貨物船ワイルド・ロバー号は、福州からまた上海へあともどりした。新島にとって、あともどりは愉快でなかったであろうが、いたし方がなかった。十一月五日に香港着、新島は、この機会に漢訳の聖書を一冊買い求めようと考えたが、日本の貨幣は通用しないだろうと思い、船長に交渉して、小さいほうの日本刀を中国貨八元で買いとってもらった。おかげで新島は上陸して香港の町なかの本屋で漢訳の聖書を入手することができた。武士の魂という観念は、すでにうすれていたにせよ、大刀につづいて小刀までも手ばなすことは、新島としてやはりつらかったにちがいない。にもかかわらず、あえて手ばなす気になったのは、英訳聖書では、あまりにもわからない箇所が多すぎるので、漢訳聖書ならわかるだろう、漢訳聖書を通して自分自身の理解を深めようという気持ちが強く働いたからであろう。

新島は、香港の町を歩きまわったその日の感想を、購入した漢訳聖書の裏表紙に漢文で簡潔にしるしている。

「支邦人已れの国を尊んで中華と称す、然《しか》るに其諸港奪わるる所と為り、空しく英人の管轄を受く、嗚呼《ああ》中華の意、何処《いずこ》に在りや」。

元治元甲子年十一月十一日於香港求焉、名前はもちろん新島ジョーではなく新島七五三太《しめた》、「管轄」という字の横に「英夷」という文字がやや小さく書かれていて、新島は英人にしようか英夷にしようかと迷った形跡とも受けとれる。新島は、英人もしくは仏人によって侵略され抑圧されているアジア諸民族の姿を港々で見て、侵略者、抑圧者に対する反感、いきどおりを文字で表現するということはなかった。英夷の夷に、かすかに表明されているといえばいえるぐらいのものである。

「函館よりの略記」ないしこの期間の日記を通して推定できることは、新島は、中国人を始め東南アジアの諸民族から好ましい印象を一度も受けとらなかったということ、日本以外のアジア諸民族に、明るい未来を期待するということが、まったくなかったということである。

八月十四日の日記には「助役吾に向い、支那人は窃盗を為《なす》殊に甚《はなはだ》し、汝須《すべからく》注意すべし、と話せり」とあり、「函館よりの略記」には「支那人は多く困窮にして格別の教導なき故か、人々窃盗に巧みなる由にて、船頭(長)吾をして日々支那人の番をなさしめり」(2)としるされており、助役や船長からこのような先入観をつぎこまれた新島は、香港に上陸して市内を見物したあとつぎのようにのべている。

支那人の家も、見世《みせ》かけは随分見苦しからざれど、其流し本《もと》、雪隠《せっちん》（トイレ）のきたなき事実に支那人の懶惰不潔を徴するに足る。且つ支那人上向《うわべ》のみ飾り、内心野鄙《やひ》にして更らに敵愾《てきがい》の志なく。宜《むべ》なり英人に軽蔑せられ、豕犬《とんけん》の視を為さるるは。依て望む、吾州尊大盲目の人々、支那人の轍《てつ》をふまざらん事を（「函館よりの略記」）。

新島の内部に燃えていたものは、英人、仏人、米人にたいする敵愾の志ではなく、一日も早く日本を英仏米の水準にまで高めようとする志だったであろう。日本の後進性を自覚していない尊大蒙昧な日本人をいまいましく思いながら、新島は、支那人の二の舞をふむようなことがあってはならないと警戒の心を強くしたようである。

新島をのせたワイルド・ロバー号が、サイゴンの港にはいったのは、十一月末日であったが、それはフランス帝国主義の軍隊がサイゴンを占領し制圧してから六年のちのことであった。新島の目に、サイゴンの現地人は、ただあわれむべき存在として映った。「函館よりの略記」には、つぎのようにしるされている。

「形状殆《ほとんど》支那人に斉《ひと》しけれど、色尤《もっと》も黒し、而して男子一切髪を切らず、只其長ずるに任せ、一束にたばね、頭上に巻纏、その上に旧《ふる》ふんどしの如き布を被り、いかにも見苦しき風俗なり。其上歯を黒く染め、唇に紅《べに》を塗り、如何《いか》にも柔弱の有様なり。宜《むべ》なり仏人に其国南方過半を奪取られ、空しく其管轄を受くる事。仏の初て此土地を取りし時、土人、仏人の河水を取り飲料とせしを知り、窃《ひそか》に毒を流し、多く仏人を殺せし由、然《しか》し当時〔現在〕は土人大いに仏人に帰服し、再び毒を流さざる故、洋人これを取り飲料とせり。」となっていて、新島はサイゴンの男たちが柔弱であることを認め、自分たちを支配し抑圧しているフランス人にたいして、もはや敵愾の志を失ってしまっていることをも認めている。アジアを侵略し、アジアの民衆の上に君臨している白色人種にたいする反感、怒り、憎しみよりも、侵略され、支配されているアジア諸民族への軽蔑のほうが強かったと見ていいだろう。サイゴンには中国人もインド人も住んでいて、商売をしていたが、家はみな小さく、掃除をしないためかはなはだしい臭気があり、新島は、おそらく顔をしかめながら、アジアの中で、すくなくとも日本民族だけはこのような状態におちいってはならないと思い、東南アジアの港々で、絶えず思いを新たにさせられていたであろうと想像される。

年が改まって元治二(一八六五)年一月三十日、新島は、ものごころがついていらい使用してきた陰暦をすて去って、陽暦を用いることを自分で自分に宣言した。その日は陽暦の二月二十五日に当たっていたが、せまい船の中でアメリカ人たちと共同生活をしながら、ただ一人陰暦を守っていることの愚かしさを、ずっと感じていたであろうし、目的地のアメリカ合衆国が陽暦を採用していることが明らかである以上、陰暦放棄は時期の問題でしかなかった。

ワイルド・ロバー号は、フィリッピンのマニラ港でマニラ麻をどっさり積みこみ、ジャワとスマトラのあいだを抜けて、アフリカの南端喜望峰へ、そしてケープタウンには寄港せず、大西洋を北上して一路ボストンに向かって進んだ。南大西洋上の孤島セント・ヘレナに、一世の英雄ナポレオンの遺跡があることは、新島も知っていた。幕府派遣の留学生西周、津田真道、榎本武揚らは、同島に上陸してナポレオンに敬意を表する機会に恵まれたが、長州の伊藤俊輔、井上聞多をのせた船、そして新島をのせた船は、いずれも素通りしてしまった。

ボストンまであと三週間、二週間と、指を折って数えるようになれば、明るい希望とは別に、底知れぬ不安がおそいかかってくるのを、新島はどうすることもできなかった。ボストンに上陸して、それから先どうするということに関して、新島の相談相手になってくれたのは、テイラー船長だけであった。船長は、ワイルド・ロバー号の船主であるアルフュース・ハーディーが、新島のために働き口を見つけてくれるであろう、たぶん、学校にも行けるようめんどうをみてくれるだろうと言ってくれていた。

しかし新島としては、そう言われたからといって、安心ばかりもしていられなかった。新島は、胸の思いを英語ですらすらと自由に言いあらわすということはとてもできなかったので、どう表現するかゆっくり考えた上で、紙きれに伝達事項をしるし、テイラー船長に手渡すということをやっていた。

これらの紙きれは、テイラー船長の手もとに保管され、彼の死後、未亡人によってアルフュース・ハーディーのもとにとどけられ、『ジョセフ・ハーディー・ニイシマの生涯と手紙』にその内容が収録されることになったが、これらを読むと、上陸後の生活について新島があれやこれやと思いなやんでいた様子がよくわかる。

新島は、ハーディーが親切な人であることを信じるとしても、あてもないことにお金を浪費するはずはないと思っていた。自分のめんどうをみてくれるといっても、食費、衣料費、文具費、教科書代などひと月最低二〇ドルはかかるだろうし、ハーディー氏はそれらを支払ってくれる代わりに、私に相当大きな労働を課するであろう。私は働くのはいやでないが、そのために私の勉強の時間は失われるであろう。もしも私が学問教養を身につけることができないとすれば、私はおめおめ日本に帰ることはできない。私は家族の者にたいして非常にむごい仕打ちをして家を出たのであるから、学問教養を身につけずに帰るとすれば、人々は私を犬か猫のように見なすだろう。そんなことを思いなやんでいると、読書もできないし、何をしても楽しくない、まるで狂人のようにあたりを見まわしたりする、ハーディー氏はいったいどんな学校に私を入れてくれるのだろうかきかせてほしい。私は、ハーディー氏の食卓ののこりものを食べ、ハーディー氏の古着をゆずってもらい、私の勉学のためにペンと紙と鉛筆とをハーディー氏が与えてくれることを望む。……新島は、そういうことをいっしょうけんめい紙きれの上に、文法的にまちがいの多い英語で書きつけたのである。テイラー船長は、これらを読んで苦笑しながら、新島のために何とか骨を折ってやろうという気になったようである。

陽暦七月十九日、ワイルド・ロバー号は、マサチューセッツ州のコッド岬に近づいた。そのとき一漁船は、足かけ五年つづいた南北戦争が終結したこと、大統領リンカンが暗殺されたことを伝えてくれた。新島は、未曽有の内乱がおさまった直後のアメリカ合衆国に足をふみ入れることになったのである。

注

（1）　新島は、ボストン上陸後、船主ハーディーのあたたかい配慮のもとに勉強にはげんでいることを江戸に住んでいる家族の者に知らせようと思い、函館脱出以後のあらましを文章にして、父民治あてに送った。日付けは一八六六年二月二十一日。郵便物のとどけ先は、函館の外国人商館内福士宇之吉とし、中味をそおっと福士から江戸在住の新島民治あてに送りとどけてもらうことにした。「函館よりの略記」全文は、『新島先生書簡集』に収録されている。

（2）『新島先生書簡集』、一一三二ページ。

第二章　長期にわたるアメリカ滞在

一　無一文の亡命客

ワイルド・ロバー号は、コッド岬をまわって針路を西へ、やがてボストンの町が視界にはいってくる。マニラを出帆してからノンストップ三か月半のながい航海、そしていま終着点が目の前にある。祖国に別れを告げた函館のあの夜から数えれば、すでに一年あまり、新島の心は感激とよろこびにときめいたことであろう。同時に、〝美しく多忙な町(1)〟ボストンが、地球の反対のがわからやってきた自分を、どのように受けいれてくれるだろうという不安が湧き起こってくるのを、どうすることもできなかったであろう。

船長の命令によって、いかりはおろされた。「なんとかなる」単純にそう思って日本を離れ、目的地のアメリカにようやくたどり着いた新島は、「ほんとうになんとかなるのだろうか」という問いを、改めて自分で自分に発せずにはいられなかったのではあるまいか。

〝言葉の通じない無一文の亡命客〟(2)、これは函館脱出をねらっている無謀な青年新島を思いうかべながら、ミス・マッキーンが書きとめたことばである。アメリカにわたった新島の行動を〝亡命〟と呼んだ人は、弟子では徳富蘇峰を除いていままで一人もなかったが、これはおそらく〝亡命〟ということばが、祖国を逃げ出して異国で日かげ者の生活を送っているというやや暗いイメージをともなっており、特に日本の国家主義的風土の中で、新島を亡命客呼ばわりすることは非国民扱いにもなるので避けたほうがいいという配慮もあっただろう。しかし新島が、国禁を犯して国外に出た罪を明治政府によって許され、パスポートを与えられるまでの約六年間は、第三者から見ればやはり亡命客であって、ミス・マッキーンが亡命客ということばを使ったことに何の不思議もなかったはずである。それにしても、ふところはからっぽ、ことばは通ぜず、たよるべき人もいないのに亡命をあえてする人間、こういう人間が、ハインリヒ・ハイネのいう「理想《イデー》にとりつかれた人間」なのであろう。

新島にとって、船長のテイラーは、ともかくもたよりになる人であった。しかし船長は、ボストン入港後まもなく姿を消してしまった。出かけるにさいして彼は新島に

「おれにまかしておけ、心配するな、船主のところへ行っておまえのことを十分頼んでやる」というふうに力強く約束してはくれなかった。大西洋に突き出たコッド岬のあたりに、彼の家族の者、友人たちが住んでいるので、会いに出かけるということは確かに新島の耳に伝わったが、どの程度船長に望みをつないでいいのか、新島にはよくわからなかったらしく思われる。

新島は、一人で岸壁のあたりを歩いてみた。白人でも黒人でもないこの青年は、いったいどこの国の住民なのか、だれも見当をつけることができなかったにちがいない。一人の男は、つぎのようなことば(3)を投げつけて、新島をがっくりさせた。

「おかへあがったって、だあれもおまえさんを助けてくれたりなんかしないよ。南北戦争で物価はすっかり高くなっているんだ。もういっぺん船に乗りこむほかに手はないなあ」。

もう一人別の男とかわした対話を、新島は後年アーモスト大学の恩師シーリー教授に語り、教授はそれをつぎのような文章(4)にして書きのこしている。

一人の水夫が新島に問いかけた。

「おまえさんここで何しているんだ。どうしてまたこんなところへやって来たのかね」。

「教育を受けたいと思って」と新島は答えた。

「だけど、この国で学校教育を受けるには、どえらい金がかかるが、おまえさんお金はどこから手に入れるつもりかねえ」。

「わかりません」新島は単純に答えた。そしてだれもいないところで、新島はひざまづき、単純な信仰ではあったが、神に向かって祈りをささげた。「どうか私の抱いている大きな願いが、空しいものになってしまうことがありませんように……」。

テイラー船長が姿を消していらい、新島はほかの船員たちによって毎日手荒くこきつかわれた。〝粗暴で神を信じない[5]〟これらの連中の命令で、新島は船内の掃除その他雑役をやらされ「朝、目覚むれば総身いたみ、自由に我身を動〈か〉す事能《あた》わず[6]」というしまつだった。こういう肉体的、精神的苦痛を、いったいいつまで我慢しなければならないのか。明るい見通しは開けそうにもなく、新島はやがて〝精神病患者[7]〟のようなみじめな状態におちこんでしまった。

この間、新島が上海で別れたあのセーボリー船長が、ひょっくり新島の前に姿をあらわすということがあった。セーボリーは、新島の密航の企てに協力し、函館から上海まで乗船させてやったが、まもなくそのことが会社に知れて、クビになった。新島にとってセーボリーは恩人であったが、新島のためにセーボリーは被害者ともなった。

マサチューセッツ州の海沿いの町セイレムが彼のふるさとだったので、そこへ帰っているうちに、ワイルド・ロバー号がボストンに入港したことを耳にし、日本人ニイシマがはたして無事ボストンにたどり着いたかどうかを確かめようと思ってやってきたのである。新島がどんなに驚き、どんなに喜んだかは想像にかたくない。ただ、セーボリーは、こまりきっている新島にたいして同情はしても、力になってやるだけのかいしょうはなかった。

ボストン市内をあるいているうちに、新島が古本屋で『ロビンソン・クルーソー』を見つけ、テイラー船長からもらった小づかいで買い求めたということもあった。江戸に住んでいたころ、友人から借りて読んだ『魯敏遜《ロビンソン》漂行紀略』は抄訳であり、オランダ語からの重訳であったが、意味をとることに苦労はなかった。しかし今度は原書であり、英語の力が不足している上に英和辞典がそばにあるわけではなく、解読は困難であったが、しかし新島はその日から毎夜熱心に読み始めた。

このときの『ロビンソン・クルーソー』について、新島は翌年つぎのように語っている。(8)

「ロビンソン・クルーソーは、最初に、祈ることを私に教えてくれた。私のもっていた新約聖書は、私がまだ十分読みこなせない外国語で書かれていた。難破したかのロビンソン・クルーソーは、苦難の中で神に祈った。どうして私が祈らないということがありうるだろう。このようにして、私は毎晩、寝床にはいると、どうか私をみじめな状態の中へ投げすてないでください、どうか私の大きな志をとげさせてください、といって神に祈った」。

岸壁につながれたワイルド・ロバー号の中での生活は、絶海の孤島の中の生活とはちがったにせよ、前途への当てがなく不安で孤独だという点では、かなり共通したものがあったにちがいない。無人島の中で、神さまのことなど忘れていたロビンソン・クルーソーは、さびしさにたえきれず、ひとりでに神を求め、神に祈るようになる。始めのうちは、神はどうしてこんな悲惨な目に自分をあわせるのだろうと恨みごとを言っていた彼が、いつのまにか「主よ、私を助けてください、はげしい苦しみにさいなまれている私を助けてください」(9)とすがりつくように懇願する。そして新島も、ロビンソン・クルーソーに教えられて、神への信仰がはっきりあるのかないのかわからないままで、祈ることを始めたのである。

苦しい試練の日は、一〇週間以上もつづいた。そしてある日突然、ワイルド・ロバー号の船主アルフュース・ハーディーが妻とともに新島の目の前にあらわれたのである。ハーディーは、テイラー船長から新島の話をきき、ともかくも本人に会ってみよ

アルフュース・ハーディー夫妻.

うという気になって波止場までやってきたが、さて新島に話をしかけると、ことばがさっぱり通じないことがわかった。新島の片言の英語は、船の中では役に立ったが、ボストンの紳士と淑女を前にしては、ほとんど用をなさなかった。そこで、新島の経歴、日本密出国の動機、これから先どうしようとしているのかを文章にして提出させることにし、海員会館に連れていって新島を宿泊させ、執筆のための時間的余裕を与えた。

新島としては、英作文の自信はもちろんなかったであろうけれども、必死になって手記をつくりあげたであろうことは想像にかたくない。できあがった長文の手記は、十月十一日ハーディーの手もとにとどいた。ハーディー夫妻は、この手記を読んでひどく心を動かされた。過去において、未知の、貧しい青年を支援したが、結果的にうまくいかなかった経験を、ハーディーは一度ならず味わっているので、ためらいもあったが、さいごには、日本人青年のめんどうをみてやろう、教育を受けたいといっているのだから、学校へ入れてやろうと決心した。

同月十四日、新島はハーディーの自宅に引きとられ、背広ひとそろえ、ネクタイ、オーバー、長靴などを支給された。そして三十日にはハーディー夫妻にともなわれて、ボストンの北、汽車に乗って一時間そこそこのアンドーバー Andover まで出かけていった。そこにはフィリップス・アカデミーという名門の私立学校があった。ハーディーは、少年時代ここで学んだことがあり、現在理事の職にあったので、校長は、ハーディーの推薦する日本人青年を生徒として受けいれることにした。登録名はジョセフ・ニイシマ Joseph Neesima、かつて船長テイラーによって与えられたジョーという呼び名は、親しみはあるが品がないので、ボストンの紳士ハーディーがジョセフに改めたのだろうと、後年ボイントンは語っている(10)。Joe が Joseph Neesima に変わり、そのつぎは Joseph Hardy Neesima、そして日本に帰ると、今度は Joe ではなく襄に変わったのである。

フィリップス・アカデミーの校長は、英語のしゃべれない、年のいきすぎた、皮膚の黄色い亡命者を受けいれることに危惧の念を感じたであろうし、新島は新島で、〝どんな学校でも〟と思っていたのが格式のある学校へ入れてもらって、かえって不安を感じたであろう。(11)

当時の学制は八、四、四で、まん中の四年、つまりハイ・スクール(公立)もしくはアカデミー(ほとんど私立)は、日本語に訳すとき中学校、高等学校、中高学校、そのいずれでもいいわけであるが、新島がアカデミーの何年生に編入されたかは明らかでない。ともかくも英語の力をつけるのが先決だということになって英語科のクラスに入れられ、全寮制の学校であるから本来ならただちに寮生活をするはずであったが、ことばが通じなくては無理だろうということになって、町はずれの広い家に下宿させてもらうことになった。その家では、今まで下宿人などおいたためしはなく、英語のしゃべれない東洋の青年などごめんこうむりたいというようすを示した。そこでハーディーは、自分が読んで感動した新島の例の手記を主人にみせると、主人も一読して胸を打たれ、部屋を貸すことを承諾した。

その家はかなり広かったらしく、フリントという神学生とその妻が半分を借りうけ、別の世帯をいとなんでいた。フリント夫妻は新しく知り合った青年ニイシマに興味を見いだし、英語ができなくては困るだろうということで、献身的にといっていいぐらい新島の勉強を手つだってやった。英語だけではなく、数学のめんどうもみてやった。

新島がフィリップス・アカデミー在学中に、ハーディー夫妻、あるいは故国の父親あてに書いた手紙は一〇通ばかり残っているが、この中で彼は学友のことに一度も触れていない。その原因は、まず第一には、全寮制度であるのに、新島だけが一人離れて下宿生活をしていたということ、第二には、クラスの友人がすべて新島より五つか六つ年下であったということ、第三には、新島が外国人でしかも英語がすらすらしゃべれないことにあったと思われる。新島は、学校では孤独感もあっただろうし、ときには人種的差別も経験したであろう。しかし下宿では家族の者同様に扱われ、フリント夫妻の親切な導きもあり、お金の心配なしに勉強にはげむことができたのであるから、なんといってもしあわせであった。ボストンのハーディー夫妻にあてて手紙を書くとき、その手紙がいつも感謝の心にみちあふれていたのは当然のことと言わねばならない。

注

（1） beautiful, busy city 新島自身のことば "My Younger Days" p. 57.

（2） 「新島研究」三六号、英文九ページ。

(3)　"Life and Letters of J. H. Neesima" p. 8.
(4)　"The Missionary Herald" 一八七四年九月号。
(5)　rough and godless 新島のボストン港手記の中のことば。
(6)　『新島先生書簡集』付録「函館よりの略記」、一一三七ページ。
(7)　lunatic 新島のボストン港手記の中のことば。
(8)　ミス・マッキーン "The Story of Neesima"(一九六七年刊)「新島研究」三五号、三六号所載。
(9)　デフォー作、平井正穂訳『ロビンソン・クルーソー』岩波文庫、上巻、一二六ページ。
(10)　"Joseph Hardy Neesima, a Sketch" by E. C. Boynton, p. 17.
(11)　"Life and Letters" p. 11.

二　清教徒的風土の中で

アンドーバーの町には神学校があり、フリントはそこに通っていたが、日曜日には、その神学校付属の教会で行なわれる礼拝に新島はいつも出席していた。日曜学校の生徒としては、新島は年をとりすぎていたが、宗教教育を受けたい、キリスト教の勉強をしたいという一念から、年若い生徒たちの仲間に加えてもらった。新島のクラスの受け持ちはマッキーンというお嬢さんであった。彼女は、ジョセフ・ニイシマに好奇心をおぼえ、ニイシマを自宅に何度も招いて、彼の育った家庭のこと、日本の習慣や制度、どうして彼がアメリカという国を知るようになったか、函館からの脱出のもよう、航海中のこと、ボストンに船が着いてから以後のなかば絶望的な一〇週間のことなどを、つぎつぎに聞き出した。彼女はメモをもとにして、できれば一冊の小冊子を出版しようと考えた。しかし、万一その印刷物が日本の役人の手にわたることになれば、新島ならびに新島の家族の身の上にどんなわざわいがおよぶかもわからないので、彼女としては無期延期するほかなかった。

アンドーバーでの新島の学校生活、教会生活が、ちょうど一年たったころ、新島は洗礼を受けてキリストの弟子になろうという決心をほぼ固めた。そして一八六六(慶応二)年十二月三十日、神学校付属の教会で日本人新島は、父と子と聖霊の名によって洗礼をさずけられた。ハーディー夫妻は、新島の求めによりボストンから出て来て式に立ちあったが、新島にとっては、夫妻は単なるパトロンというだけではなしに、親がわりという意味をもっていたであろう。そして新島は、やがて自らをJoseph Hardy Neesimaから先、深まる一方であった。そして新島は、新島とハーディー夫妻との関係は、これと名のるようになり、ハーディー夫妻は、すでに四人の息子をもっていたにもかかわらず、もうひとり男の子がふえたような気持ちになって、新島のめんどうをみつづけることになった。

フィリップス・アカデミーの隣には、アンドーバー神学校が存在していて、この二つの学校のあいだには垣根もなんにもなかった。当然の事ながら新島は、神学生たちの日常の姿を親しく観察することができた。彼は、父親あての手紙の中で(1)神学生の生活態度をつぎのように語っている。

扨《さて》此聖学校(アンドーバー神学校)に罷在《まかりあり》候書生は、多分〈に〉正直信実にして、一切酒、煙草等を不用、強《つとめて》而邪淫を避け、決し而女色の事抔《など》は不談、唯、天地、人間、草木、鳥獣、魚虫を造りて永々存在ここにもかしこにも被為在《あらせられ》候あらたかなる神、乃《すなわ》ち以前に申せし天下唯一真神の道を修め、此世の罪を償える聖人ジイエジェスの教を守り、日夜不怠祈禱致し、其恩恵扶助をのぞみ、己に克《か》ち、欲を禦《ふせ》ぎ、父母に孝を尽し、兄弟姉妹朋友隣人を愛する事己《ひと》に斉しく、偽詐《ぎさ》佞弁《ねいべん》を辱《は》じ、悪口怒言を嫌い候故、其風俗の美し〈き〉事何卒《なにとぞ》我朝放蕩之諸生、酒とのみ、自ら英雄とか称し、世間の人を見さげ豚犬とかよび、親兄弟をけつけ(ママ)、情の知れぬ女郎をなじみ、遂に癰毒《ようどく》に染まり、其業を失う耳《のみ》ならず、大切なる身を亡し、父母に難儀をかくる輩に見せ度《たく》ぞんじ候。……(以下略)

新島がここで力をいれて語っているのは、聖学校書生の信仰の確かさ、深さであるよりも、むしろまことの神を信ずる者の道徳的清らかさである。新島にとっては、酒をのまないこと、煙草をすわないこと、女色にふけらないこと、どなったり人の悪口をいったりしないこと、世間の人を見くだすような態度をとらないこと、そういうことがこの上もなく大切であって、純潔、清浄、自制、謙虚の模範を新島はアンドーバーの神学生一人ひとりの中に見ていたのである。新島自身、このような道徳的清らかさを、ただ求めるだけではなく実行し、日本に帰ってからは同志社の学生にも強制したのであるが、それにしても新島がどうして酒をあれほどまで嫌い、憎んだかは、今日の若い世代にとって、理解することは困難であろう。

新島は、アンドーバーに移ってきてから、ミス・マッキーンに、江戸屋敷内で夜おそくまで漢書の勉強をつづけていたとき、藩主の座敷から「ドンチャン騒ぎ、そして芸者衆の歌(2)」がきこえてきたと語っている。静かに勉強しようとしているとき、酒をのみ、芸者を相手に大声でうたったりどなったりしているサムライどもにたいして、新島はいまいましく思い、同時に酒というものにたいしても、そのころから悪感情をもち始めたのかもしれない。

先に引用した父民治あての手紙より半年おくれて、弟双六あてに出された手紙(3)には「酒を一切《いっさい》のまぬ様、あまり烟〈草〉も呑まぬ様、酒烟〈草〉の脳を害する事は、現に見え不申候得共、其身体を害する事、一手一足を切るより甚《はなはだ》し。如何となれば脳は人間の記憶、思慮の源にして宜《よろ》しく其を害せぬ様注意すべし」と書かれていて、新島は、アンドーバーへ来てから、酒や煙草の人体におよぼす害、特に脳におよぼす害についてだれかから教えこまれたのであろう。新島は、酒煙草の害については、終生かたく信じて疑うことがなかった。

新島は、清教徒主義《ピューリタニズム》の本場ともいうべきニュー・イングランドに来て、その空気に触れると、たちまちのうちに完全に同化されてしまうが、ピューリタン的素質としての道徳的潔癖さは、日本にいるころ、いろいろな形であらわれていたことはすでにのべた。新島は、アンドーバーで洗礼を受けたあと、信仰の道をまっしぐらに歩みつづけるが、その場合も、清い生活の実践を抜きにしてのキリスト教というものは、彼にとってありえなかった。このような生き方と信念は、フィリップス・アカデミーの時代に始まって、それ以後いささかも動揺することはなかった。

一八六七(慶応三)年六月、在学期間は二年に満たなかったけれども新島はフィリップス・アカデミーを無事卒業させてもらった。そして九月にはアーモスト大学入学の道がハーディーによって開かれることになった。

ハーディーは、当初、自分の持ち船が積んで帰ってきた人間の荷物、ジョーという名の日本人青年を、どう扱ったものかと迷ったが、ともかくも願いをきき入れてやることにして学校へ入学させた。いろいろとめんどうをみているうちに、しだいに世話のしがいを感じるようになり、ニイシマの前途に望みをかけ、妻とともに親身になってニイシマのことを考えるように変わってきた。フィリップス・アカデミーを卒業したのちは、カレッジへ進学させてやろう、ニイシマのひたむきな向学の精神を見守りながらハーディーはそう思った。どのカレッジを選択するかという点で、ハーディーにはおそらく迷いはなかったであろう。ボストンの西の方角、コネチカット川の流域にアーモストという名の小さな町があり、そこにはキリスト教精神にみちあふれた大学がある。ハーディーは、一二年も前からそこの大学の理事をつとめ、財政面にかんしては言うまでもないが、特にキリスト教主義教育のために、惜しみない協力をつづけていたのである。

ハーディーの意志が伝えられたとき、新島はそれを思いがけない朗報として最初受けとったかもしれない。しかし新島は、自分の学力の弱さを十分わきまえていた。アメリカ人の学生にまじって、なんとかやっていけるかどうか、自信はとてももてそうになかった。アーモスト大学は、文と理 literature and science を教えさずける場所であったが、その文は、何よりもまずギリシア、ラテンの文学、語学を意味していた。新島としておじけづいたのも当然であっただろう。フィリップス・アカデミーの二年間、新島は英語の力をつけることに忙しく、古典語を習得する余裕などなかったのである。しかし新島は、ともかくもハーディー夫妻が自分のため、よかれと考えて計画をたててくれているのであるから、黙ってしたがおうという気になった。

一八六七(慶応三)年の夏休みは、主としてテイラー船長の家で過ごし、その間ちょっぴりラテン語の勉強をしたようである。そして九月の二十日前後にアーモストに向かった。ボストンから汽車で五時間、丘の上にある寮の一室が彼に与えられた。フィリップス・アカデミーのときとはちがって、大勢のアメリカ人学生との共同生活を、彼は新しく経験することになったのである。アーモスト大学の記録によれば、新島は一八六八年に入学し、七〇年に卒業したことになっている。これは六七年の九月、新島はアーモストに来て入学のためのテストを受け、古典語の学力があまりにも不足しているので、仮入学(選科生)の扱いとなり、翌六八年改めて正規の学生として受けいれられたと解釈すべきであろう。アーモストの学生は、卒業に当たって、すべてバチェラー・オブ・アーツの称号をさずけられるならわしになっているが、新島だけはバチェラー・オブ・サイエンスの称号を受けた。これもまちがいなくギリシア、ラテン語の学力不足と関係があったと思われる。ついでながら、後年、新島の世話でアーモスト大学に入れてもらった内村鑑三も、卒業のときにもらった称号はやはりバチェラー・オブ・サイエンスであった。

アーモスト大学の創立は一八二一年である。新島が学んだころの学長は四代目のスターンズであったが、初代から五代目にいたるまで、アーモストの学長はすべて神学博士であり、過去に牧師の経歴をもった人たちであった。その事実からだけでも、アーモスト大学を創立した精神がどのようなものであったかを推しはかることができるだろう。貧しい家庭に育った、信仰のあつい、そして前途ある有能な青年をここに送りこみ、奨学金を与えて勉強させ、卒業後は神学校へ、そしてその青年はやがて牧師となって神の事業に献身することが期待されていた。そしてそのための資金は早くから集められていた。アーモストの町に大学をたてるという話がいよいよ本決まりになるというとき、一八一八年九月には、近隣の諸教区を代表する三十六名の聖職者と三十二名の平信徒が集まって会議を開いた。会議の参加者は、コングリゲーショナル派のほかにプレスビテリアン派の者も加わっていたが、カルビン主義の流れ、清教徒主義の流れをくんでいるという点では、両派とも同じであった。

新島がアーモストの学生であったころ、聖書の講義を担当していたのは、スターンズ学長であり、大学付属教会の牧師も学長兼任であった。毎朝行なわれる礼拝への学生の出席は、強制ないし半強制であったが、そのことはすくなくとも新島にとって、苦痛でもなんでもなかったであろう。アーモストでの生活を始めるに当たって、新島は、酒はいっさい飲みません、煙草もすいませんという誓約書を学校当局に提出させられたが、これも新島にとっては自明のことであった。日本にいて、キリスト教をまだしっかりつかんでいないころからピューリタン的傾向をみせていた新島は、ピューリタニズムの本場であるニュー・イングランドで生活するようになり、紳士、淑女、神学生たちの清純、反快楽、質素、厳格さにじかに触れ、このような生活態度こそキリストのしもべにふさわしいと思うようになっていたので、学校のおきてに反発するということはまったくなかったと想像される。ピューリタニズムの中には、快楽の追求即罪悪という思想も根強く存在していて、娯楽施設めいたものはアーモストには育たず、あやしげな女が大学のあたりに出没するということもなかった。後年、新島は、礼拝のとき讃美歌をうたったけれども、音楽のたのしみを解せず、好んで絵をかいたけれども、造形美術に心をひかれることすくなく、芝居、寄席、ダンスホールなどに近よろうとしなかったのは、こうした清教徒的環境の中で学生生活三年を送ったことに、大きく影響されたと見るべきであろう。

注

（1）『新島先生書簡集』続、一〇ページ。
（2）「新島研究」三六号、五九ページ。
（3）『新島先生書簡集』、一一〇ページ。
（4）"A History of Amherst College" by William S. Tyler, New York Frederick H. Hitchcock, 1895, p. 10.

三　アーモスト大学を卒業するまで

アーモストの東南、汽車で一時間ぐらいの地点にモンソンという町がある。幕末から明治の末期へかけてアメリカ人宣教師として大きな足跡を残したＳ・Ｒ・ブラウンは、少年時代をここで過ごした。彼はモンソン・アカデミーで学びながら、将来は外

1875年頃のアーモスト大学キャンパス.

国伝道に献身したいという願いに胸をふくらませていた。彼の予定のコースは、アーモスト大学へはいってリベラル・アーツを学び、卒業して神学校、それから聖職者の資格をえるということであった。「貧しい家庭に育った、信仰のあつい、そして前途ある有能な青年」をアーモスト大学はこころよく迎えてくれるはずであったし、事実彼は一八二八年の秋、アーモストへ出かけていってテストをしてもらい入学を認められたのである。しかし彼はアーモストまで汽車に乗っていったのではない。馬車馬のための食料と、自分の食料を買うに必要なお金だけはポケットに入れ、馬車をごとごと走らせたのだが、帰ってきたときは完全な文《もん》なしだった。せっかくアーモスト大学一年生にはなったのだが、けっきょくどうにもならなかったのである。「帆をはってみたが、そよ風すらも吹いてくれなかった」というのが彼のそのときのせりふである。(1)

このエピソードは、三つの事がらを語ってくれているように思う。第一は、遠い異国へ行って、まことの神を知らぬ人々に福音を伝えるという仕事が、当時のニュー・イングランドの青年の心をとらえていたということ、事実、モンソンの日曜学校でブラウンと同じ時期に生徒だった一四六名のうち、すくなくとも七名が宣教師になったということである。第二は、アーモスト大学は貧乏で信仰のあつい青年を歓迎していたけれども、あまりにも貧乏な青年にたいしては、どうすることもできなかったらしいということ、第三は、それにしてもハーディーという人物にめぐり合った新島は、なんと幸運だったのか、ということである。

新島は、一八六七(慶応三)年九月、アーモストの寮生として新しい生活を始めたが、必要な支払いがいくつかあって、すぐふところが心細くなったらしく、ハーディー夫人にお金を送ってくれと頼んでいる。「部屋はとても広く快適で、同室の学生はたいへん静かな気持ちのいいクリスチャン青年です」と報告し、また自分は寮生のつくっている布教部に参加し、安息日の朝はみんなでいっしょに讃美歌をうたったり祈ったりしていること、神さまが私を暗闇の中から呼び出してくださったことを感謝し、私の同胞を私と同じように幸福にするために、彼らに福音を伝えることをひたすら願っていることなどを書きそえている。

キリスト教徒は光の中にあり、異教徒は暗闇の中にいる、これは当時のすべてのキリスト教徒に共通する確信であった。そして、光の中心はアメリカ合衆国であるというのは、アメリカのキリスト教徒に共通する確信であった。「闇をかえて、光となす」という文句は現行の日本の讃美歌の中にも見いだされるが、ミッションとは、闇をかえて光とすること、異教徒の群れの中に飛びこんでいって、福音を宣べ伝えることである。闇の中にうごめいているあわれな異教徒に光をというとき、新島にとってそのあわれな異教徒とは日本の同胞にほかならなかった。キリスト教に入信した日本人六三名が横浜で逮捕されたことを新聞を通して知った新島は暗然としたらしいが、しかし帰国して同胞を前にして真理を語り、そのために迫害を受けようとも、私は恐れません、とハーディー夫人あての手紙(3)に書いている。

アーモストの寮生活にいくらか慣れ、落ちついた時期に新島は、母と弟、父と先輩飯田逸之助と、この四人に対して手紙をしたためた。前の二つは十二月二十四日の日付け、後の二つは十二月二十五日の日付けになっているが、執筆の日がそのまま日付けとしてあらわされているのではなさそうである。母親あての手紙の中では、アーモストの風景の美しさ、学生のまじめさをつぎのようなことばで語っている。

……所々に小高き山あり。その間にコン子《ネ》チュクト(Connecticut)と申候名高き大河横たわり、その風景のうつくしき、画にもかきがたくぞんじ候。当所に罷在り候書生共、至っておとなしく、聖人の道を以て相交り、日本の書生の酒を飲みて大口をはき候事は一切《いっさい》致さず、只々学問を出精いたし、日に一度づつ、かのジムネージャムに参り、球をころがし、色々と遊びを致し候。……

飯田逸之助あての手紙は、新島がいかにアメリカに心酔傾倒していたか、アメリカを理想の国として見上げる姿勢がいかに強固であったかを端的に示している。まず第一には、アメリカが平等の国であることが力説されており、女子も男子と同じく学校へ送られ、勉強にはげんでいるので、アメリカでは「夫〈婦〉人の役に立つ事おびただし」と書かれている。またアメリカではどんな貧乏人の子どもでも自在に学校に通い、読み書きのできない者ははなはだすくないが「右に付日本を考うれば、甚だ気の毒千万なり。農夫も矢張《やはり》将軍と斉《ひと》しき人間なり、然《しか》るに日本にては農夫を愚になし、豚犬の如く取扱い、重き租税を取上げ候事、実に理外にして、暴なる政道と言うべし」となげいている。

第二は、アメリカは外国を侵略せず、どこの国とも友好親善を結んでいることを指摘し、アメリカ人は英国人とちがい、「外国を奪うことを企てず、只々至聖の道を万国へ拡め、共に其道を楽しみ、共に有無を通じ……」といった調子である。

第三は、至聖純粋の耶蘇教、つまりアメリカで行なわれているプロテスタンティズムが最高のものであることを強調し、ポルトガル人の教えた天主教はだめ、孔孟の道もだめ、仏教もだめ、飯田先生どうぞ「メリケンの政教、日に盛んになり日に改まる事、何故かを御推察可被成候《なさるべく》」と訴えている。アメリカ合衆国は、新島にとって、この時期からずっとあとあとまで、すばらしい国、最高最良の国であって、批判のことばはついにただの一度も、新島の口からは出なかった。

つぎに、アメリカで亡命生活を送っている新島と、祖国の両親、弟、ないしは知己、友人との文通がどのようにして行なわれていたかについて、ひとこと説明を加えておきたい。両者のあいだのコミュニケーションが成立するためには、中間にいて橋わたしの役目をする人がどうしても必要であったが、その役目を引き受けたのは横浜在住のアメリカ人宣教師で、先に紹介したS・R・ブラウン、同じく宣教師ジェームス・H・バラなど、ほかに横浜で「海外新聞」を発行していたアメリカ帰りのジョセフ・

ヒコ(浜田彦蔵)にたいしても新島はなかだちの労をとってくれることを期待していたが、ヒコは一八六六(慶応二)年の年の暮れに横浜を去って長崎へ行ったので、実際は役にたたなかったのであろうと思われる。アメリカ人のだれかが日本へ向かって出かけるといううわさを耳にはさむと、新島は急いで手紙をしたため、その人にことづける。ことづけられた当の人物は、横浜で下船したとき、あずかった手紙を宣教師の手にわたるよう配慮する。宣教師は日本人のキリスト教徒、たとえば津田仙、粟津高明というような確かな人物に依頼して江戸(のちには安中)に住んでいる民治の手にとどくよう心をくばる。逆に、民治が息子あての手紙を書いた場合は、うっかり配達夫には頼めないので、いろいろと方法を講じ、宣教師と近い関係にある日本人にあいだへはいってもらった。民治は、藩にたいして、息子の七五三太が函館近海で測量に従事しているうちに大風に見舞われ、そのまま帰ってこないという報告を藩にたいしてしていたので、もしも七五三太がアメリカのどこかに生存していて、親父とのあいだにこっそり文通していることが発覚すれば、ただごとではすまなかったのである。

一八六八(明治元)年の春には、幕府の軍勢と薩長の軍勢とのあらそい、薩摩の暴徒による江戸城放火のニュースが新島の耳にはいった。新島一家の住居は江戸城のすぐそばにある。父親からは、世相の不安を訴え、早く帰ってきてほしいと願う手紙がとどいていた。しかし新島は、全能の御手《み》が、江戸の住民たちを守ってくださるよう祈るほかなかった。三月、四月は健康の調子がよくなかった。不眠症、そしてリューマチ、寮では世話がゆきとどかないので哲学のシーリー教授の家で静養させてもらうことになった。シーリーはハーディーと以前からつき合いがあり、新島はアーモストへ来た当初からずっとシーリーを何かと頼りにしていたのである。夏休みは、知人の家をあちこち訪ねてまわった。フィリップス・アカデミー時代に世話になった下宿、フリントが牧師として赴任しているヒンスデール、テイラー船長のチャタム、それからボストン、さらにマサチューセッツ州と境を接しているコネチカット州やロード・アイランド州にも足をのばした。十一月八日付けのハーディー大人あての手紙では、予定以上の出費があったため気が小さくなったのであろう、節約のために紅茶を飲むことをやめましたなどと報告している。

一八六九(明治二)年の六月には、アメリカに一時帰国していた宣教師ブラウンが、新島に会うためにアーモストへやってきた。ブラウンはそのときすでに五九歳、新島は二六歳だった。ブラウンにとってアーモストは、母校という感じはなかったかもしれないが、そんなことはどうでもよかった。新島としては、八年のあいだ横浜で生活していたこのアメリカ人宣教師に、最近の日本の事情、キリスト教禁制の中での宣教師の活動について、くわしく話がきけるということは、どんなにうれしいことであっただろう。ブラウンはその年の夏、日本へもどり、秋には高崎、安中、小諸、新潟のあたりを旅行した。安中では新島の祖父、父、弟に出会うことができた。ブラウンは日本語を自由に話すことができたので、四か月前、アーモストで話し合ったジョセフ・ニイシマの元気なようすを伝えたであろうと思われる。ブラウンは日記に「民治は泣いていた。ニイシマ家の人々との出会いはまったく思いがけないできごとであり、まさしく神さまのおぼしめしであるように思えた。自分はこれらすべてのことをニイシマに書き伝えるだろう」と書きつけている。日記の日付けは十月十三日になっている。(4)

新島は、この年は健康のほうもまずまずで、夏休みその他の機会にあちこちと小旅行を試みた。工場の見学、鉱石の採集、イェール大学の卒業式参列、美術館訪問、石灰石採取場見学など見聞をひろくすることに努めた。新島の学問的興味は、文学、哲学より自然科学のほうに向かっていることが、しだいに明らかになっていたようである。年の暮れには、テイラー船長が東ボストン港で重傷を負い、一命を失ったので、急いでおくやみにかけつけるというようなこともあった。

一八七〇(明治三)年七月には、卒業が予定されていた。しかしこの年の三月にまたリューマチが出てきて、新島は再びシーリー教授宅で一時保養、それからヒンスデールへ転地することになった。健康は秋にいたってようやく回復したが、寮生活、アーモストの学生としての生活は事実上三月始めをもって終止符が打たれた。ヒンスデールでの転地療養生活にかんして、新島は翌七一年二月十一日付けで弟双六につぎのように報告している。ヒンスデールには九月中旬まで逗留したが、ここは安中にたいへんよく似ていて山がちで「養生之為には甚〈だ〉宜しく日々山に登り木の実を拾い渓水に魚を釣り折々には紙筆を尚仕たくし山水の風景を画き斯く日々遊行せし故、同九月の上旬ニは元之如く健全に相成候故再びアンドワと〔云〕邑〈之〉学館へ（是はアーモストの学校より一段高尚なる学校なり）入塾し寸暇を惜み日夜研窮いたし居候。……」とのべている。

アーモスト大学のこの年の卒業式は七月十四日[5]に行なわれている。新島は式には参加できなかったと考えるほかない。新島自身は、三月からずっと学校を休んでいたのであるから、卒業はできないと思ってあきらめていたと思われる。ところが学校当局がわは、新島が日本人であるということ、卒業の四か月前まではいっしょうけんめい勉強したということから卒業させることを決めた。ただし先述したようにバチェラー・オブ・アーツは無理だということになって、バチェラー・オブ・サイエンスの称号が贈られた、というふうに解釈してまちがいはないのではないか。いま引用した双六あての手紙の中には「昨年三月より悪《あし》き風邪及熱病をやみて兎角《とかく》身体虚弱已《や》む事を得ず同八月迄廃学致し居候」と書かれている。廃学とは学校をやめたということではなく、学問を一時やめたという意味だったのであろう。ともかくも新島は、アーモスト大学を卒業しえたよろこび、日本人として最初にアメリカの大学を卒業しえた名誉について、ただの一度も口に出したことはなく、学校当局の思いやりに感謝する気持ちと同時に、気恥ずかしさが新島の心の隅にひそんでいたのだろうという憶測も成り立つ。新島と同期の卒業生は全部で五〇名、そのうち一二名がユニオンその他の神学校に入学した。アンドーバー神学校に入学したのは、新島をふくめて三名である。

なおアーモスト大学の学生数にかんしてひとこと付け加えておくと、創立当初は四七名、その後すこしずつふえていった。アーモストの住民は学生たち一人ひとりを大事にしてくれたが、二五〇名を越えると、住民と学生との関係はいくらか冷やかになったと『アーモスト大学史』は語っている。(6) 学生数が一時減少し、その後またふえて新島の在学のころは二五〇名そこそこ、そして第二次世界大戦後は一〇〇〇名、一九七一年、つまり創立一五〇周年記念のときは一二〇〇名にまでぼうちょうしていたということである。

注

（1）“A Maker of the New Orient”, Samuel Robbins Brown by W. E. Griffis, 1902, p. 36.
（2）ボイントンの『新島素描』。
（3）“Life and Letters” p. 76.
（4）“A Maker of the New Orient” p. 222, p. 223.
（5）アーモスト大学校友会書記のJ. A. Guest氏に著者が直接たずね、教示を得た。
（6）“A History of Amherst College” by W. S. Tyler, New York Frederick H. Hitchcock, 1895, p. 87.

四　自由な日本公民として

初めてアメリカの土を踏んだころの新島は、キリスト教の中にプロテスタント教とカトリック教とギリシア正教の三つが存在していることぐらいは知っていた。しかし、プロテスタント教会がさらにいくつかの派にわかれていること、それら各派は信条がそれほど明確にちがっているわけではないが、発展の過程の中で気風のちがいが生じ、お互いのあいだにライバル意識が発生していることなど、そういうことは知らなかった。ひょっこりボストン港に現われ、新島のめんどうをみてくれることになったハーディーは、コングリゲーショナル(会衆)派の熱心かつ有力なメンバーであった。それがもとで新島も会衆派の教会に通うようになり、そこで洗礼を受けたが、会衆派を新島が一番いいと思って選んだわけではなかった。彼は会衆派のほかに、プレスビテリアン(長老)派、改革派、メソジスト派、バプティスト派などが存在すること、これら各派は三位一体の教理を信じているけれども、信じようとしないユニテリアン派というものも存在していること、そういうことはしばらくたってからわかるようになった。

新島の所属している会衆派は、布教、特に外国伝道にかんしては他派に先んじて一八一〇年に組織をつくった。アメリカン・ボードがそれである。アメリカン・ボードをつくったマサチューセッツ州ウィリアムス・カレッジの学生たちには教派意識、セクト主義はまったくなかったが、たまたま彼らが会衆派の空気の中に育った若者であったために、アメリカン・ボードは会衆派の外国伝道のための組織とみられるようになり、他派は相ついで自分自身の組織をもつようになった。ところが、日本伝道にかんしては会衆派がおくれ、長老派、改革派、監督派、バプティスト派が一八五九(安政六)年、一八六〇年に相ついで宣教師を横浜(神奈川)に派遣した。せっかくアメリカン・ボードという組織がありながら、日本に一人も宣教師を送っていないということに不満を感じたアーモスト大学学生新島は、一八六八(明治元)年の夏、休暇を利用してあちこちまわっているついでにアメリカン・ボードのクラーク主事を訪ね、一晩とめてもらって翌朝、日本に宣教師を送ってほしいと訴えた(1)。新島の訴えは、すぐには実現しなかったが、翌六九年にはボードの常務委員会によって取り上げられ、アンドーバー神学校で学んだ会衆派の宣教師グリーンが、十一月に日本に向かって旅だった。

グリーン Daniel Crosby Green は一八四三年二月十一日生まれで、新島と同じ年の同じ月、そして日は新島より一日だけ早かったことになる。彼は、横浜にしばらく滞在したのち神戸へ移り、切支丹禁制解除の日にそなえて準備をととのえていたが、もし新島が自分のそばにいて協力してくれるならば、どんなにか心強いだろうと考えたにちがいない。アメリカン・ボード本部のクラーク主事も、新島がアーモストを卒業すると同時に帰国して、グリーンの手伝いをしてくれれば、伝道の成果は必ずあがると思ったであろう。ただ、新島が帰国の途について横浜に上陸すれば、たちまち逮捕され牢屋にほうりこまれることは必至である。そこで考え出された案は、新島の国籍切り替え、つまりアメリカへの帰化であった。日系米人になってしまえば逮捕の心配はなく、六年ぶりに祖父、両親、弟姉、その他親しい友人たちの顔を見ることもできる。

新島としてもこの案をある程度本気で考えたであろう。彼は、浜田彦蔵がアメリカで市民権を得たことを知っていたと思われる。彦蔵は、日本へ帰ったのち、在日米人と日本人とのあいだに立って活躍し、ちょうほうがられ、事実、重要な役割を演じていた。しかし、一三歳のときに漂流してアメリカへ連れていかれた百姓の子彦蔵と、祖国の運命を憂い、志を立てて先進国アメリカに留学しているサムライの子新島とのあいだには、大きなへだたりがあった。幕府が倒れたのちも、明治新政府はキリスト教弾圧の政策をそのまま踏襲している、しかし自由の日はいつかは来るであろう。そのとき、国籍の上ではもはや日本人でなくなった自分が、キリストの福音を日本語で宣べ伝えたとしても、それは果たして十分な迫力をもつだろうか。新島は、そのことに思いおよんで国籍変更を断念することにした。そして断念した以上、アンドーバー神学校に入学して将来の宣教活動のための学問的基礎をかためることが、ただ一つ残された道であると思うにいたった。

新島は、三年ぶりにアンドーバーの住人となった。そして寮生活を送りながら神学の勉強にはげんだ。翌一八七一(明治四)年一月二十五日には弟双六からの手紙を受け取り、祖父弁治が病死したことを知った。悲しい気持ちを返書の中でのべ、弟にたいしてこまごまと教訓めいたことをしるしたが、その手紙が安中にとどいたときには、双六はすでに祖父のあとを追い、短い人生をおわっていた。

新島襄と森有礼の二人が、初めて顔を合わせたのは、その年の三月十五日、場所はボストンであった。森は、英国に二か年留学したのち、生活費のやすい米国に移り、ここでも一年間留学したが、その時期には新島と出会う機会はなかった。いったん帰国したのち、森は今度は小弁務使という肩書きで、五名の下役を従えてワシントンに乗りこんできた。明治政府が海外に派遣した最初の外交使臣である。当時、森は二三歳で新島より四歳若かったが、薩摩出身の士族、頭が切れる上に欧米留学の経歴がものをいって、将来のはなばなしい出世を疑う者はなかった。

新島はボストンに招かれ、森と会談したのち、アンドーバーに帰り、そのときのもようをヒンスデール在住のフリント夫人に報告している。重要な手紙なので、全文をつぎに掲げることにする。

先週の水曜日、一週間前に私は、天皇《みかど》によってワシントンに派遣された日本の高官森とボストンで会見いたしました。彼は、私が日本政府あての文書を作成し、私の身の上、アメリカで学んだ事柄、そして母国に帰りたいと願っていることなど簡単に記載するならば、自分はそれを日本政府にとどけ、私のパスポートをもらってやろうと言ってくれました。彼はまた、日本国内のキリスト教にかんする上層部の最近の動きについても語ってくれました。上層部の連中は、プロテスタント教とカトリック教とのあいだの大きな相違について気がつき始めています。政府は、人民がキリスト教の信仰を抱くことを禁止してはいますが、ここ数年のうちには、プロテスタントの宣教師にたいし政府が門を開くであろうことを、私は信じています。ハーディー夫人が今まで私のために支出してくれた金額、それを日本の高官森が全部支払おうとしているようで、私はそのことを心配しています。というのは、ハーディー氏が私を教育するために支払った金額の明細を提出するよう、森はハーディー氏に依頼したからです。私は、ハーディー氏が金額のリストを森にわたすことをおそれています。森が支払い、ハーディー氏が受け取るならば、私はそのお金のために日本政府によって拘束されることになるでしょう。そうなるよりも私は自由な日本公民でありたいし、主のご用のために私は自分のからだをささげつくしたいと願っています。私は至急にハーディー氏と会い、この事にかんして話をするつもりです。事態をどう解決するか、主が私たちに賢明で慎重な考えを与えてくださることを祈っています。〔高官森の申し出は即座に拒否されました〕。

さいごのかっこの中の部分は、ポストに投函する直前、森の申し出がハーディーによって拒否されたことを何らかのルートを通して知り、あわてて書き加えたものと思われる。

新島が同年六月十三日付けでハーディー夫人にあてた手紙も同じように重要であるが、要点だけを紹介すると、新島は、日本政府あての文書作成に当たって、最初に自分がキリスト教の信仰を抱いていること、現在アンドーバー神学校で学んでいることを表面に出さず、ただ、アンドーバーで目下勉強中とだけ書いたが、あとで思いなおし、祖国へ帰るときは、こそこそと泥棒のようにではなく、クリスチャンであることを明らかにして大きな顔で同胞にまみえたいという気になったこと、しかしそのことによって起こる不利、今後何かと世話にならねばならない森との関係に思いをはせて悩み、迷ったという告白、いま一つは、「私を奴隷としてしばりつける政府の贈りもの(注・新島のハーディーにたいする負債を、政府が公金で支払ってくれること)よりも、キリスト教徒(注・ハーディーのこと)が自発的に、よろこんでしてくれる贈りもののほうを受け取りたい」といっている点である。一人の日本人が外国へ行って外国人の世話になり、生活費を出してもらって勉強している。そこへ日本政府の代表が出かけていってそのことを知り、公金で負債をキャンセルしてやろうと考える。それにたいしてその日本人が猛然と反対するというのは一見奇妙なようにも思える。

まず第一に、新島の日本政府にたいする不信感がなぜこのように強烈なのか、政府の奴隷というようなことばがどうして出てくるのかという点であるが、切支丹禁制の高札をいまだにおろそうとしない明治新政府の頑迷さにたいする新島のやり切れない気持ちがあったことは確かだろう。第二に、天皇をいただいた新政府といっても、実は薩長の政府であり、薩長の人間ばかりがやたらにはばをきかせている情況を、太平洋の反対のがわからながめている安中藩士新島の白い目というものもあっただろう。

一方、新島が、外国人であるハーディー夫妻の恩恵にすがって勉強をつづけながら、自分は自由な日本公民だと思いこんでいられたということ、これは驚くべきことであるといわねばならない。夫妻が、キリストの善かつ忠なるしもべとして、貧しい者にほどこしをし、いささかも報いを求めないという態度は、それほど珍しくないかもしれない。しかし、与えるがわと受けるがわとの関係が長期にわたるとき、受けるがわは、ときには卑屈になったり、差別されたと感じたり、劣等感をあおられたりするのは不可避ではないだろうか。ハーディーは、ビジネスマンとして多忙だったので、新島の世話に関しては、ほとんど夫人にまかせていたらしく、新島はつつましい生活をしながらも、ぜひほしいと思うものがあれば夫人に無心を言い、夫人と新島とのあいだには文通もひんぱんだったようであるが、新島はいつのまにかハーディー夫妻を実の両親以上の両親と思うようになっていたというのであるから、夫妻対新島の関係はまさに奇跡に近かったと考えるほかない。

新島は森有礼と出会っていらい、切断されていた祖国とのつながりが正常化する見通しをもつことができた。そして五か月のちには政府当局から送られた留学免許状と旅券とを受けとることができた。国外への不法脱出の罪は抹消されたのであり、新島はもはや日陰者ではなくなった。翌一八七二(明治五)年二月、岩倉具視《ともみ》を正使とする大使節団がワシントンに到着するに当たって、準備万端をととのえるべき責任の地位にあった森は、日本人留学生を動員して、一人ひとりに仕事をふり当てる計画をたてたが、その場合新島の存在を忘れるはずはなかった。静かな田舎で勉強していた新島は、森の懇請によってワシントンへ、オープンの世界へ連れ出された。この時点から亡命客としての暗いかげは彼から完全に消え去ったはずである。

森の官位は、わずかの期間のうちに小弁務使、中弁務使、代理公使というふうに昇進していた。新島が使節団の通訳ならびに助言者としてすぐれた働きをするであろうことを、森は早くから見抜いていたが、使節団の中の田中不二麿《ふじまろ》に新島をふり当てた。田中は、欧米諸国の教育施設の調査を任務とする文部理事官であった。

田中が、一二名の日本人留学生、それに新島を加えて計一三名をワシントンのアーリントン館に招請して、面接を行なったのは三月八日のことであった。新島は、そのときのもようを手紙でくわしくハーディー夫妻に報告している。

新島としては、政府のおえら方の前に出頭したとき、うやうやしく頭をさげるか、それともアメリカふうに、顔を見つめあいながら握手をかわすか、これは大問題であった。子どものときからさんざんやらされてきたあのうやうやしいおじぎ、あの日本的封建的風習から解放されてからもう八年近くなるが、今度の機会にまたぞろ平身低頭をするのか、新島はそう思って寒気《さむけ》をおぼえたかもわからない。彼はさいごに、握手でいこう、と決心した。

留学生たちは、面接室にはいると、田中理事官にたいして日本ふうのおじぎをした。しかし新島は、おれは君たちとちがって日本政府から留学費などもらっていないのだという意識にみちあふれて、おじぎはせず、だまって片隅につっ立っていた。田中理事官は、新島らしい青年の存在に気がつくと、自分のほうから近づいてきて握手をした。「彼は六〇度の角度で私にうやうやしく頭をさげたので、私もまた丁重な礼を返しました」と手紙の中にはしるされている。

田中は、アメリカの諸学校を視察したいので、通訳として同行してもらいたいといって辞令を手わたした。これにたいして新島は、自分は日本政府から生活費をもらっている身分ではなく、これこれをせよと命令される立場ではない。しかし一定の報酬をあたえられ、これこれをやってほしいと頼まれた場合は喜んでやります、と答えた。散会するに当たって、田中理事官は、留学生たちにたいして握手をせず、三〇度の角度でおじぎをしただけであった。しかし新島にたいしては特別ていねいに話しかけ、さいごに七〇度の角度で敬礼を行なった。

新島はこの面接の結果に満足し、いくらか興奮気味でハーディー夫妻あてにペンを走らせたのであるが、彼は、この日の面接は自分にとって「勝利のとき」であったと書き、自分は、自由の人、キリストにあって自由の人であり、自分はあなた方夫妻の援助によってこの自由を得たとのべ、改めて感謝の意を表している。

新島はながい手紙をおわるに当たって、使節団長の岩倉具視には会わなかったこと、日本からやってきた二人の女の子と話をすることができたこと、そのうちの一人は旧友の次女であったことなどを書きそえている。旧友というのは、江戸にいたころ同じ塾で蘭学を学んだ津田仙のことである。その時八歳だった津田の次女梅子は、のちに津田英学塾を創設した。

三月下旬に、新島は、使節団の副使木戸孝允《たかよし》と二度ばかり比較的ゆっくり話しあう機会をもつことができた。木戸は日記(新暦四月一日)の中で、新島を西島と書きちがえているが、立派な青年だと思ったらしく、「当時軽薄浅学の徒、みだりに開化を唱うる者と大に異なり、余、彼と交りてより旧知の如く、其益を得ること少なからず、後来頼るべきの人物也」としるしている。

三月末日から、新島は田中と連れ立ってアメリカ東部の各州を視察にまわったが、報酬として年二四八四ドル、ほかに日当五ドルをもらうことになった。今までつつましい生活をしていた新島にとって、これは思いがけぬ大金であった。彼は、祖国の老父をよろこばせようと思って、報酬の一か月分に相当する二〇〇ドルを送金することを決め、そのことをとりあえず手紙で父に知らせた。

新島は、いままで何度も小旅行を試みたが、ふところが豊かでなかったため大旅行は思いもよらなかった。しかし今度は官費でワシントンやニューヨークを訪問することができ、そのあとさらに田中理事官と同道でヨーロッパ各国をまわることになった。神学校は当分のあいだ休学、ハーディーはすべてを了承してくれていた。

注

(1) "A Chapter of Mission History in Modern Japan" by James H. Pettee, Printed at the Tokyo-Seishibunsha, p. 6.

五　ヨーロッパの旅、視察と休養

新島と田中理事官は、一八七二(明治五)年五月十一日、ニューヨークのジャージー・シティから欧州航路のアルジェリア号に乗りこんだ。スクーネル帆船の経験しかない新島が、このとき初めて蒸気船の客となったのである。

濃い霧、強い風、それに雨もよく降ったが、新島は航海中ずっと元気だった。そして船は五月二十日、アイルランドのクイーンスタウンに無事入港した。新島は、その日さっそくハーディーあてに報告の手紙をさし出しているが、大西洋上の九日間のおもな感想は、船客がだれも彼もアルコール類を口にしたということであった。クリスチャンは酒を飲まないものと思いこみ、そしてまた飲まないことがクリスチャンの美徳であると信じこんでいたのに、英人も米人も、牧師の職にある人も、神学博士の肩書きをもった人も、そしてレディーも、みんな飲むので、新島はおどろいたり、がっかりしたらしいようである。これは新島が、アメリカに六年半滞在したといっても、実際は特殊地域であるニュー・イングランドの外へ足を踏みいれたことがなかったこと、特にアーモストやアンドーバーないしボストンのようなピューリタン的色彩の強い場所に住み、ピューリタン的な人物とだけつき合っていたことに由来するものであろう。

ヨーロッパへ行けば、なま水は飲料水にならないので、アルコール類が代用されているという話を新島はきかされたが、自分としては、なま水が飲めるかぎりは飲み、アルコール類は極力口にしないつもりだと手紙に書きそえている。

新島は、アメリカで生活するようになってから、聖餐式用のぶどう酒は別として、おそらく一滴のアルコールも口にしなかったのであろう。聖書には、酒を飲んではいけないと書かれていない。にもかかわらず、新島はピューリタンの掟をかたく守ってきた。アルジェリア号の一等船客は、すべてキリスト教徒であるはずなのに、彼らは新島の目の前で酒を飲んだ。しかし飲んだからといって、彼らは狂態を演じたり、新島にからみついたりしたわけではあるまい。もしそういう行為があったとすれば、新島はそのことをハーディーに報告したであろうが、そんなことは手紙の中に一行も書かれていない。酒を飲んだあと、ほんのり顔があかくなる、いくらかおしゃべりになるぐらいのことだったら、飲酒をそれほど害悪視することもないのではなかろうかという疑問、そういう疑問を新島は船の上で起こさなかった。新島は、酒は悪いものであると固く固く思いこんで日本に帰り、同志社の学生にたいしても、酒は一滴も飲ませないという態度をつらぬいたのである。

リバプールで船にサヨナラをし、そのあと八週間、新島は田中とともに、英国各地の学校をみてまわり、教育にかんする資料を集め、社会施設をも訪問した。最初の二週間は、マンチェスター、グラスゴー、エディンバラなど、そしてあとの六週間はロンドンで過ごした。

安息日に、礼拝の出席を欠かしたことのない新島が、ロンドンではいったいどうしていたのだろうか。ニュー・イングランドの風土の中に育った新島は、イングランド国教会に対して、相当強い違和感をもっていたはずだと思われるが、新島の英文日記を開いてみると、たとえば六月二十三日の日曜日には「朝はスポルジョン師の説教を聴き、午後はウェストミンスター・アベイでスタントン師の説教を聴いた」としるされている。スポルジョンはバプティスト派、つまり非国教会派の有名な牧師である。朝はアメリカにいたときとそれほど変わらない気分で礼拝を守り、午後は珍しいものを見るつもりでウェストミンスター寺院を訪れたということであろうか。六月の九、十六の両日曜日はダイク師の教会へ行ったと書かれているが、これもおそらく非国教派の教会だったと想像される。三十日の日曜日は捨て子養育院を訪れ、男女の捨て子たちの合唱が美しいのに感動し、またそこで牧師さんの説教をもきいたようである。

安息日にホテルで行儀わるく寝そべっているとか、トランプに興じるとか、さかり場へ出かけていくとか、そういうことは新島としてまったく思いもおよばぬことであった。

ドーバー海峡をわたってフランスに足を踏みいれたのは七月十七日、パリでは三泊した。新島は、フランスに対してかねがね美しいイメージを抱いていなかった。

まず第一に、プロテスタントの世界では一般的にカトリックの教会、カトリックの国について好意をもって語らないということがあり、特に厳格なピューリタンは、フランス人の道徳的退廃をことさら指摘するというような傾きがあって、新島が知らず知らずのうちに影響されていたということ、第二に、新島はフランスの偉大な文学や芸術に接触しようとする姿勢に欠けていたし、理解ももっていなかったということ、第三に、フランスが新興国プロイセンとの戦いに敗れたということがひびいていた。

新島はフランスが敗北したその翌年、一八七一(明治四)年二月十一日付けで弟の双六あてに感想を伝えているが「仏人は多く放蕩無頼、独一真神の真理を尊敬せ須《ず》、然しプロイス人は学を興し兵を練る耳《のみ》ならず、独一真神無所不能無所不知の造物者の道を教え人心を一致し人々己の本国を憂る故、此度プロイス人の斯《か》く強大と成りしは、全く日々の教育に依《よ》るなり」などと書いている。ぜんぜん当たっていないということもないだろうけれども、不確かな知識にもとづいてフランス人とプロイセン人との比較を試み、フランス人は宗教心がうすくモラルが低いために戦争に負けたと言っているのであって、ここらあたりに示される新島の見識は、街のおっさんたちとたいした変わりはない。

新島が親しく見たフランスの首都パリは、プロイセンの軍隊に包囲され、飢えに苦しみ、降伏してから一年と五か月、そのあとコミューンの内乱、「血の週間」、逮捕者四万人、死刑の宣告を受けた者二七〇名、荒廃の町、沈滞の町であって、断じて花の都ではなかった。この時期にパリに滞在していた西園寺《さいおんじ》公望《きんもち》は、パリ・コミューンの意味を何ほどか理解しえたようであるが、新島にそのような理解を要求するのは無理であろう。新島は、ハーディー夫妻あての手紙の中で「立派な町なみ、美しい建築物に心をひかれましたが、市民たちが、見せかけと空虚なはなやかさに心を労し、たましいの修養を怠っているのを見てあわれみを感じました」と印象を伝えているが、これもなまの印象というよりは、むしろ先入観によってつくられたステレオタイプではないだろうか。

パリには、フランス語のできる文部省の役人今村和郎がいて田中の通訳を勤めた。新島を加えて三人がパリを離れてスイスのジュネーブへ向かったのは二十日の土曜日であったが、汽車の旅に退屈を感じたらしく途中下車をしようということになって、ソーヌ河畔のマーコン駅で列車をおりた。宿をとって、つぎの日の朝、急行列車でジュネーブへ向かうつもりであったが、新島は曜日の計算をちがえていて、土曜日を金曜日だと思いこんでいたことに気がついた。田中にとっては、そんなことはどうでもいいことであったが、過去七年間、日曜日を安息日として厳格に守ってきた新島は、翌日の出発をとりやめると言いだした。

田中は、しかたがないので翌日曜日の朝、新島をマーコンにのこし、フランス語の通訳と二人でジュネーブへ向かって出発した。マーコンにはカトリック教会がひとつ、プロテスタント教会がひとつあることがあとに残された新島にわかった。プロテスタントのほうは非常に小さな貧弱な教会であったが、新島はそこで礼拝を守り、たましいのやすらぎをえた。カトリック王国の中に発見されたプロテスタント教会にたいして、新島は親近感を感じたかもしれないが、牧師の説教は、ひとこともわからなかった。礼拝の出席者は、女性が二〇名ほどと男性が五名、ほかに子どもがすこし、こじんまりした集会であった。

この日のできごとは、新島が安息日を守ることにおいていかに忠実であったか、そしてことばはわからなくても、教会に出席して神との交わりをむすぶことにおいていかに熱心であったかを示すエピソードとして、ほとんどすべての新島伝の中で紹介されている。日曜日は旅行などをせず、午前は必ず教会に出席して礼拝を守り、午後は部屋の中で静かに祈り、聖書を読み、にぎやかな談笑は避けるというピューリタンの生活習慣は、今日ではもう遠い昔話になってしまっている。新島のマーコンでの行動も、もはや人々を感動させることはないであろう。ただ新島の安息日を厳守しようとする態度が、若かりしころだけではなく、四七歳で病いに倒れ、天に召されるまで、完璧につらぬかれたことは、記憶にあたいすることであろうと思われる。

新島は、ジュネーブで田中理事官と落ちあい、ベルン、チューリヒでは英語で行なわれる礼拝に参加した。ベルリンへ着いたのは八月五日、旅行の途中、水が悪いことに気がついて、やむをえずぶどう酒やビールを飲んだが、アメリカにいるあいだ禁酒の生活をずっとつづけてきたために、少量のアルコールでも酔いがまわってくる、と新島はハーディー夫妻あての手紙の中で書いている。

ベルリンからロシアの首都ペテログラード(レニングラード)へ、そしてまたベルリンへもどり、腰をおちつけて、田中とともに新興国プロイセンの教育事情視察に力をいれるはずであったが、あいにく夏休みで、学校の門はすべて閉ざされていた。それで予定を変更して、二人はオランダに遊び、デンマークを訪問し、九月に再びベルリンにもどってきた。それからしばらくは教育施設の見学、そして新島は資料の整理、報告書の作成に多忙な日を送った。田中理事官は、新島をくどいて、自分といっしょに帰国させようとした。自分の片うでとなって働いてもらいたいと思ったからである。新島は、日本政府の役人になることは、たとえ仕事が教育にかんすることであろうとも、気がすすまなかった。ただ田中理事官とは半年以上も行動をともにし、新島の啓蒙宣伝のおかげで田中がキリスト教にたいする理解をかなり深めたということがあり、その田中が熱心すぎるぐらい熱心に懇請したので、新島も秋から冬にかけての期間相当に迷ったようである。しかしけっきょく断わることにした。アンドーバー神学校にもどって勉強のしあげをし、祖国に帰ってからイエス・キリストの道を伝えることに専念するという既定方針を変えることはできなかったのである。キリスト降誕祭の祝いの日は、ベルリンの宿舎で、アメリカ人シアースとともに楽しいときを過ごした。シアースは、のちに同志社社長新島襄の私邸建設に必要な金を寄付した人である。

明治政府は、欧米先進国の仲間入りをするために太陰暦を太陽暦に改めることにし、明治五年十二月三日を明治六年一月一日と定めた。ベルリンでは記念祝賀会が開かれ、日本人留学生八〇名が出席した。新島も顔を出したが、旧の一月十四日に生まれた自分は、太陽暦ではいったいどうなるのか、自分が満三〇歳になる日は、翌二月の十五日に当たるのだろうと計算はしていたが、不安を感じたということであったかもしれない。

新島は、秋と冬、約五か月をベルリンの宿舎で過ごし、各国の教育制度にかんする資料の整理と翻訳に精力を傾けた。一八七三(明治六)年から七五年にかけて発行された文部省編『理事功程』は、新島のこのときの労苦をもとにして作成されたものである。二月から七月まで約半年のあいだ、新島はウィースバーデンで過ごした。ここの温泉がリューマチや神経衰弱によく効《き》くということを医者から教えられ、湯治客としてやってきたのであるが、療養かたがたドイツ語とドイツの学問思想を勉強しようという気持ちもあったようである。彼はここでつぎに掲げるような英文の手紙を書いている。だれにあてたのか不明であるが、アメリカン・ボードのクラーク主事あてではなかったかと想像される[1]。

ご存知のように、私はドイツに七か月以上滞在したことになりますが、そのうちの五か月は田中氏のために費やしたので、ことばの勉強を十分するための機会をもつことができませんでした。もしも私が、ことばをしっかりおぼえないでアメリカあるいは日本へ帰ったとすれば、私は同胞たちから笑われるでしょう。日本の同胞たちは、外人教師の指導の下に、諸科学、欧州諸国のことばを身につけることで非常な進歩を示しています。私は、宗教人として人前に立つためには、近代の思想と科学、そして言語にかんして、日本人一般よりいくらかでも先をいっていることが必要だと思います。……

田中のために費やした五か月というのは、前年の九月から一八七三(明治六)年の一月までのことであろうから、この手紙は三月末か四月始めに出されたものと思われる。ほぼ同じ時期に新島は父親の民治あてにながい手紙を書いているが、そこでは、

近来日本に於て独乙《ドイツ》学逐々流行可仕《つかまつるべし》とぞんじ、右に付暫時独乙国に逗留独文修行仕候えば、帰朝の上殊の外《ほか》の強みにも可相成とぞんじ、日夜心懸〈け〉学問出精仕候。……

とのべられており、新島が本気でドイツ語を身につけようとしていたことがうかがえる。もうひとつ、これは新島の手紙ではなく、ウィースバーデンの若い女性や中年の男性が新島にあてた数通の手紙(2)が同志社に保存されていて、これらを読むと、新島は

ウィースバーデンではルーテル派の教会に通い、リベラルな信仰ではなく純粋な正統派的信仰をもった牧師と教会員とだけ親しくつき合っていたことがわかる。その若い女性は、新島がアメリカの神学校を卒業したのち日本に帰ってキリスト教の伝道をすることを任務としていることを知っていて、あなたのお仕事の上でドイツ語は役にたたないでしょうが、しかしどうかドイツ語を忘れないようにしてください、そのために私に手紙を書くときはいつもドイツ語を使ってくださいなどと書いている。新島は、ウィースバーデンに滞在中は努力してドイツ語でしゃべったり書いたりしていたが、アメリカへ帰ってみるとやはり英語のほうが楽だったにちがいない。ウィースバーデンで親しく交わった女性をなつかしんで手紙を書いた、それに対する彼女の返事がこの手紙だったのである。新島にとっては、一にアメリカ、二にアメリカ、そして三にドイツであったと思われるが、けっきょくのところ新島のドイツ語、独乙学は、ドイツ滞在中いっしょうけんめい勉強したということだけでおわったようである。

ウィースバーデンで療養につとめている新島を驚かしたのは、木戸孝允の来訪であった。木戸は長州出身の後輩青木周蔵と品川弥次郎を引きつれて五月二十六日に姿を現わした。青木はベルリン大学で政治学を学ぶ身分でありながら外務一等書記官心得に任用されていた(3)。後年外務次官、外務大臣となり、新島の訴えに応じて同志社大学設立のために多額の寄付をしたのは、このとき知りあった因縁によるものであったかもわからない。品川も同じくベルリン大学に籍をおいている身であったが、彼ら四人のあいだで何が話題になったかは、つまびらかでない。木戸と新島とは、ワシントンでの初対面のときから一年と二か月をおいてドイツ国ウィースバーデンで再会、その縁故をたよりに帰朝後の新島は一年九か月ぶりに木戸を大阪に訪ね、キリスト教主義学校設立にかんして協力を求め、これに対して木戸は快く援助の手をさしのべたのである。

新島のヨーロッパ滞在は、当初の予定よりながくなり、一年四か月にわたったが、七月、八月のころはウィースバーデンの温泉のおかげか、からだの調子もすっかりよくなって、ベルリン、パリ、ロンドン、リバプールを経由して九月十四日無事ニューヨークの港に着いた。

注

(1) ボイントンの『新島素描』、二一ページに引用されている。ボイントンはアメリカン・ボードに保管されている資料を使っているらしく思われるが、手紙の中味を引用しているだけで、日付けもあて名もいっさい明らかにしていない。

（2）手紙の筆者である女性の名はNoemi Forster、熱心なルーテル派の信者で、ドイツの教会がしだいに堕落していくことを嘆いており、そのことを新島に訴えている。手紙の日付けは一八七四年三月十五日、アンドーバーに向けて送られている。

（3）『青木周蔵自伝』東洋文庫一六八、一九七〇年、平凡社刊、六七ページ。

六　キリスト教主義大学設立の夢

新たに権力をにぎった明治政府は、宗教政策にかんして、ひとかけらの進歩性も示さなかった。切支丹邪宗門禁制の高札は、太政官の名前でもう一度新しく立て直され、事態は旧幕府時代となんら変わるところはなかった。外国の公使たちから、キリスト教を邪宗門扱いすることに対して抗議が出されると、政府は、高札の文句を書き替え、切支丹は禁止する、邪宗門は禁止する、と項目を二つに切り離し、これなら文句はあるまいというふてぶてしい対応のしかたを示した。天皇を唯一絶対のものとして祭りあげ、天皇の権威を強めていこうとするがわにとって、キリスト教の宣布を容認することは、愚かな政策でしかなかった。岩倉具視を正使とする使節団がアメリカ合衆国にわたり、国務長官フィッシュを相手に談合したとき、日本政府のキリスト教に対する弾圧政策、その野蛮性がきびしく非難された。岩倉がキリスト教を圧迫するようなことはしていないと答え、それに対してフィッシュがなまなましい最近の実例をあげて反駁したので、岩倉は面目を失った。副使大久保利通《としみち》、伊藤博文はこの問題のため帰国し政府と協議の結果、一八七三(明治六)年二月、全国各地に立てられていた高札はようやく撤去された。キリスト教を信奉する自由、宣布する自由を認めるという、すっきりした宣言が堂々と行なわれたわけではなく、黙って高札を取りのぞいたというだけのことであって、このやり口は天皇制下における日本のキリスト教の重苦しい運命を暗示するものであった。

切支丹禁制の高札がついに撤去されたというニュースを新島が耳にしたのは、おそらくドイツのウィースバーデンで病気の療養につとめていた時期であったと思われる。朗報であったにはちがいないが、新島の明治政府に対する不信感がどの程度緩和されたかは明らかではない。

新島は、祖国へ帰っても、キリスト教を伝えることが許されないならば、学校の先生でもしながら解禁の日を待つよりしかたがない(1)、と考えていた時期があったようである。しかし解禁の日がついに来た以上、あとは安心して神学の勉強に専心し、聖職者の資格を得、日本に帰って同胞に福音を宣べ伝える、新島はひと筋の道をまっすぐ進めばそれでよかったし、まっすぐ進むだろうと思われた。

新島のアンドーバー神学校卒業は、一八七四(明治七)年六月に予定されていたが、それより三月前、アメリカン・ボードのクラーク主事は新島をボストンに呼びよせ、神学校卒業後、宣教師として日本で働く意志があるかどうか、確認しようとした。新島は即座に、やるつもりだと答えた。当時アメリカン・ボードから日本に派遣されていた宣教師の数は、年々ふえ、すでに八名に達していた。彼らは神戸または大阪に居住していたが、八名連署で新島に手紙を送り、帰国後自分たちの伝道事業に協力してくれるよう要請していた。五月には宣教師志願者に対する試問がボストンで行なわれ、新島は試問に合格し、アメリカン・ボードの日本国準宣教師 Corresponding member of the Japanese Mission に任命された。正式の宣教師ではないが、宣教師に準ずる待遇を受けることになったわけで、任命の日付けは明らかでないが、すくなくとも日本に到着するまでの交通費はボードによって支給され、日本におけるその後の生活費、行動費も保証されることになった。帰国後どのようにして生計をたてるかという不安から新島は解放されたのである。

七月二日にはアンドーバー神学校の卒業式が行なわれ、新島は本科生ではなく選科生としての卒業証書を受け取った。そして式典参加者を前にして記念のスピーチを行なう栄誉を与えられ、The Preaching of Christ in Japanという題でしゃべった。中味は全部日本語だったので、聴き手のうちで理解できたのは天上の神さまだけであった。

九月には、新島に聖職者の資格を与える儀式がボストンでとり行なわれ、アーモストからはシーリー教授、ヒンスデールからはフリント牧師が出席して新島に祝福を贈った。

このようにして、新島は予定された道を順調に歩み、アメリカでの日程を全部終了し、あとは日本に帰ってキリスト教の伝道に専心することだけが残されているようにみえた。ところが実際はそうではなく、新島の内部には、直接福音を宣べ伝えることとは別の志、別の使命感がつちかわれ、それはいつのまにかてこでも動かないものに固まりつつあった。仮にもキリスト教伝道の熱がさめたということではなく、それはそのままで、別にキリスト教主義の教育、学校教育に打ちこもうという志が、ふつふつと湧き起こりつつあったのである。当時、新島が書きしるした文章をつぎに引用してみよう。

アメリカで一〇年以上も学生生活を送り、西洋文明の状況を観察し、多くの指導者的人物と出会い、話し合う機会をもちつづけているうちに、私はつぎのことを徐々に確信するにいたった。それは、合衆国の文明は、ゆるゆるとしかも絶え間なく発展しているが、実は一つの大きな根源、つまり教育というものから生まれ出ているということである。そして私は、教育と国民全体の発展とのあいだの密接な関係について思いを深めるようになった。そういうしだいで、私は、教育を自分の一生の仕事とし、その企てのために自分のからだを献げる決心をした。

この文章は、エドワード・C・ボイントンが『新島素描』の中で、新島の文章として引用した(2)のを著者が英語から日本語に訳したものである。残念ながら、これが、いつ、どこで、だれに提示されたのか不明である。ただ「一〇年以上も学生生活を送り」の「一〇年以上」は明らかに計算ちがいで、函館脱出の日から数え、ヨーロッパ滞在の日数を全部含め、さいごにやっと一〇年以上になるのである。そのさいごの時期に執筆されたと推定することは許されるだろう。

新島は、学校教育に打ちこもうと心に思いさだめたが、その学校はクリスチャン・カレッジ、キリスト教主義大学であった。私立大学であることは言うまでもない。それを新島が日本のどこかに設立しようというのである。新島がクリスチャン・カレッジというとき、その原型はアーモスト大学であったにちがいないが、それにしてもまあなんというだいそれた望みであろう。夢をみるのは自由であるが、本気で実現を考えているというのであれば、頭がすこしどうかしていはしないか。新島から相談をもちかけられたとき、アメリカン・ボードのクラーク主事もハーディー夫妻もおそらくそう思ったであろう。

新島は死の直前、若かりしころの白日夢について、つぎのように語っている。新島のさいごの英文の手紙だとしてJ・H・デビスは彼の『新島伝』の中に引用している(3)が、その手紙がだれあてのものなのかは明らかでない。

十五年前、私はクリスチャン・カレッジを設立しようという白日夢を心に抱いていました。特にクリスチャンの働き手を育成するための大学設立という私の切なる願いを、アメリカン・ボードの主事クラーク博士あるいは他の知人たちに打ち明けたのですが、しかしだれひとりとして私に励ましのことばを与えてくれる人はありませんでした。私はそれでもいささかも気落ちすることなく、心のうちにその願いをあたため、そのことのために祈っていました。

新島を深く信頼し愛していたハーディー夫妻、そしてクラーク主事が、新島の志を支持し、激励することができなかったのはなぜであろうか。それはおそらくつぎのような理由によるものだったたであろう。

日本のどこかにキリスト教主義の大学、私立の大学を設立するというのは、たしかに壮大な夢ではあるだろうが、二五〇年にわたる切支丹禁制がようやく解けたばかりの日本の現実から、それはあまりにもかけ離れていはしないか。キリスト教主義の大学実現のために新島がかりに全力をあげるということになれば、キリスト教の伝道そのものはおろそかにならざるをえない。日本に派遣されているアメリカ人宣教師たちはいま新島の帰国をクビをながくして待っている。日本人として初めてプロテスタント教会聖職者の資格を得た新島が帰国して協力してくれることは、アメリカ人宣教師にとっては百万の味方であり、新島がキリスト教主義大学設立のために奔走するということになれば、彼らは失望するであろうし、失望しただけではすまないであろう。

なぜかといえば、新島はアメリカン・ボードから俸給をもらっており、その俸給はキリスト教主義大学設立準備のために支出されるものではないからである。新島の伝道への熱意はわかりすぎるぐらいわかっており、新島としてはどちらが主でどちらが従ということはなく、学校教育と伝道と両方に全力をあげるかもしれないが、しょせん二兎を追うことになり、好ましい結果は予想されない。クラークとハーディー、あるいは他の知人たち相互のあいだに、それぞれ色合いのちがいはあったにしても、だいたいいまのべたようなことが共通した常識的見解であったと思われる。一方、キリスト教を直接伝える事業と、キリスト教的雰囲気の中で青年たちに高い教養を与えていく事業とを、何も二者択一的に考えなくてもいいではないか、キリスト教主義大学が多くのすぐれた人材を養い育てるということになれば、それはただちに日本のキリスト教化に貢献することになるではないかというおおらかな見解も、もちろんありえたけれど、そういう見解に立って新島を支持した人は、一人もなかったようである。

新島の父民治は、おまえの顔をひと目見て死にたい、一日も早く帰ってきてくれという手紙をよこしているので、新島としては卒業証書を受けとるなり、さっさと身のまわりの始末をしてアメリカを引きあげそうなものであるが、帰心矢のごとしではなかったらしく、秋の季節にはいっても新島は落ち着いていた。アメリカン・ボードの第六五回目の年次大会が、バーモント州のラットランドで十月六日から開催されたとき、新島は招待を受け、最終の日に別れのあいさつをのべる機会を与えられた。新島は、別れのあいさつをするだけではなしに、クリスチャン・カレッジ設立の趣旨を会衆に訴え、カンパを訴えようと思いたった。それで大会出席のためラットランドに来ていたハーディーの宿舎を訪ね、相談をし、了解を得ようとした。しかしハーディーは、すぐには賛成しなかった。そこに集まっている正議員も傍聴者も、自分たちの献金で宣教師を海外に送っているのであり、異教国の民衆を教化することに関心をもっているが、キリスト教主義大学の設立の話は関心の外にあるであろうから、無理もなかったといえる。しかし新島はあとへ引かなかった。これがさいごの機会だからぜひやらせてくれとねばった。ハーディーはしかたがないので、成功はおぼつかないだろうが、試みてみるのはさしつかえないという返事をした。新島は、それ以前にアメリカン・ボードのクラーク主事にもあらかじめ了承を求めたが、クラークはいい返事はしなかったということがある。

九日は大会の最終日で、午前中に、海外に派遣される宣教師の歓送が行なわれる予定になっていた。新島が別れのあいさつをのべるに先だって、ハーディーは新島を参会者に紹介した。

そのあと新島は演壇にあがり、聴衆と向かい合った。聴衆の数は三〇〇〇名だったと新島はしるしているが、これは当てにはならない。新島はすっかりのぼせあがっていたからである。前の晩準備した演説の内容は、どこかへ飛んでいってしまい、脚はがくがくふるえたと彼自身書いているぐらいである。アメリカン・ボードの機関誌「ミショナリ・ヘラルド」の伝えるところによれば、大会正議員の出席は三六九名、傍聴者の数は多かったのかもしれないが、正確なところはわからない。ともかくも参会者全員は、アメリカの大学と神学校を卒業した日本の青年が、聖職者の資格を与えられ、祖国に帰って、宣教に従事しようとして別れのあいさつをのべるというので、大きな関心と好奇心とをもって、演壇の上の新島をながめていたにちがいない。新島は、しばらくはことばがでなかったが、やがて落ちつきをとりもどし、脚のふるえもとまった。無我夢中でしゃべり始めたその内容は、自分はアーモスト大学で受けた恩恵について感謝していること、祖国日本の将来の安危、幸不幸は、政治の改良や物質文明の進歩だけによるものではない、大切なのは国民の教化教育であり、自分は無事に日本へ帰ったのちは、一つのキリスト教主義大学を設立したいと思う、そのためにはどうしても基金が必要であり、皆さまがたの支援をえたい、という意味のことであったようである。新島は、話の途中、不幸な同胞のことを思い浮かべて声をあげて泣いた。そしてさいごに「私はキリスト教主義の大学設立のための基金をえることなしに日本へ帰ることはできない。私はそれを得るまでは、ここにつっ立っているつもりである」と言って、壇の上に棒立ちになった。

議事運営の任に当たる人は、いっしゅん当惑したであろうし、あわてたかもしれない。聴衆は新島のアッピールをどの程度理解しえたか疑問であるが、ともかくもクリスチャン・カレッジを是が非でも設立したい、そのためにはどうしても金が必要だと叫んでいるその熱意だけはまちがいなく通じたにちがいない。カンパはつぎつぎとよせられた。一〇〇〇ドル、五〇〇ドルという額を一人で出した人も何人かいた。カンパの集計は五〇〇〇ドルに達した。劇的なシーン、忘れがたいでさごととして、それはのちのちまでも語り草となった。一人の貧しい農夫が、帰りの汽車賃に予定していた一ドルをそっと新島に手わたし、自分はほかの人のようにたくさん出せないが、といって去っていった話も感激的であるが、ただ冷静に金額だけを問題にすれば、五〇〇〇ドルは私立大学設立のためにはなおすくな過ぎる基金であった。アーモスト大学設立のための資金の目標は五万ドルで、予定日には予定額をわずかながら越えるだけの寄付金が集まったが、当初のアーモストは学長のほか教授二名、学生四七名という小さなスケールのものであった。新島の場合、演説を一回ぶっただけで五〇〇〇ドル集まったのは、アメリカなればこそである。日本という貧乏国、そしてキリスト教に対する嫌悪、偏見のみなぎっている国で、私立のキリスト教主義大学を設立することがどんなに無謀な企てであるか、このころの新島にはまだまだのみこめていなかったのである。

アメリカン・ボード第六十五回年次大会の記録は、こまかい活字で機関誌中の三〇ページをつかって詳細に報告されているが、新島がカンパの訴えをしたことは触れられていない。それは脱線行為だったからであり、基金を得るまでは、ここに突っ立っているというのはまさに今日のすわりこみで、本来なら気むずかしい紳士諸君から非常識をとがめられるはずのものであったが、感激的な場面としておわったのは、ひたすら新島の誠意と熱意がものをいったのであろう。機関誌は、さいごに歓送会のことに触れ、それは歓送会としてもっともすぐれたものの一つであったという抽象的なほめ方をして記事をおわっている。五〇〇〇ドルは、絶対額としては確かに十分ではなかった。しかし新島は一五年のちに、ラットランドでカンパをしてくれた人々のことを思い起こし、あの五〇〇〇ドルは今日の同志社の核 nucleus であったと語っている。

注

（1）“Leaders of the Meiji Restoration in America”(『岩倉公一行訪米始末書』) edited by Charles Lanman, 1931, p. 62.(北星社翻刻版)

（2）ボイントンの『新島素描』、二二ページ。

（3）デビスの『新島襄先生伝』、一三五ページ。

第三章　京都に同志社を創立

一　帰国

ラットランドの大会がおわったあと、大きな気がかりはもう何もなかった。世話になった人たちに別れを告げ、みやげものを買い、荷物をつくることで時がたった。みやげものにかんしては家族、親戚、親しい友人のほかに、上様《うえさま》(安中旧藩主)、文通その他で世話になった改革派の宣教師バラ、ブラウンというふうにとどける相手に気をつかった。ハーディー夫人からは餞別として五〇ドルもらったが、これがもらいおさめではなく、新島はハーディー夫妻からの物的支援を、その後もながく受けつづけた。さいごにもう一度アーモストを訪問してシーリー教授の宅に一泊、そのあとはニューヨーク、バファロー、シカゴを経由して西へ西へ、太平洋横断鉄道の終着駅であるサンフランシスコへ着いたのは十月二十九日であった。三十一日乗船。新島を含む四、五人の一等船客と、ほとんど中国人ばかりの三等船客二三〇人をのせてコロラド号は太平洋を横切り、十一月二十六日午後五時横浜港に着いた。

出迎えるために岸壁に集まったのは、おそらく外人ばかりであっただろう。アメリカン・ボードが先に派遣した宣教師グリーンを始め他派の宣教師たちが新島とデッキの上で握手をかわした。その日の夜は外人宣教師たちの祈り会が開かれ、新島も参加した。見えざる御手《みて》に導かれてアメリカへ渡った日本人ニイシマが、一〇年ぶりに日本へ帰ってきて、自分たちの戦列に加わり、ともに福音を宣べ伝えうることへの感謝が、つぎつぎと宣教師の口を通して表明されたにちがいない。

この時期の横浜では、新約聖書翻訳の作業が進行中であった。超教派の委員会が組織され、グリーンは会衆派を代表する意味で委員会に加わり、ブラウン(委員長、改革派)、ヘボン(長老派)その他の宣教師、日本人助手とともに翻訳に従事し、住居を三月いらい神戸から横浜に移していたのである。

グリーンは、ボストンのクラーク主事からの手紙によって、新島がラットランドの大会で参加者にアッピールし、集まった五〇〇〇ドルの義金はボードに保管されていることを知っていた。新島が、クリスチャン・カレッジ設立のための資金がほしいといって訴えたことは確かである。しかしクラーク主事がそのことを日本在留のグリーンらボード系宣教師に知らせるに当たって、歪曲とまでは言えないにしても、多少の修飾を行なったということがあった。つまり「日本におけるキリスト教の働き手を訓練するための大学程度の宣教師養成学校[1]」A Collegiate and Theological training school to train Christian workers for Japan を設立するための資金を新島はラットランドで得たということにされていたのである。クラーク主事が手紙で、「クリスチャン・カレッジ」とはっきり書けば、それはそれで誤解を起こさせなかったであろう。しかしそれでは日本在住の宣教師たちが納得するはずはないし、第一、クラーク主事自身納得していなかった。ラットランドの大会以前に新島がクラークと会って話をしたときは、クリスチャン・カレッジをつくりたい、そしてキリスト教の働き手を育てたいというような、いくらかあいまいなことを言っていたということもあった。Christian workers を育てるといえば、それは日本人の伝道師を養成するという意味であり、伝道師養成所をつくる話なら神戸、大阪在住の宣教師も反発しないし、むしろ歓迎するであろう、クラーク主事はそう思って先にのべたような表現をしたのであろうと推測される。クラーク主事の手紙に目を通した宣教師たちは、新島が大学設立などという途方もないことを本気で考えているとは知らずに、新島の伝道事業への協力を待ちかまえていたのである。グリーンは、今後の計画について、新島とゆっくり話をしたかったであろうし、新島も最初はそのつもりであった。しかし故国の土を踏んだ新島の心は、一刻も早く安中の両親に会いたいという方向に動いたようである。翌日早々グリーンに別れを告げると、新島は汽車に乗って東京へ出かけてしまった。

新橋駅に着くと、新島はただちに外務省へ出頭し、帰朝の報告をした。それから板橋まで出かけていって、そこで人力車を三台やとい、中仙道を通って上州安中まで走らせることにした。当時、汽車といえば横浜と東京の間を走っているだけだった。人力車の上で新島は、やがて会えるであろう老父母の姿を目の前に浮かべ、見覚えのある中仙道の晩秋のたたずまいを感慨深く眺めていたことであろう。人力車三台のうち二台は、アメリカから持って帰った荷物の運搬に当てられていた。新島は、文明開化の日本でにわかに流行し始めた人力車なるものを利用したのであるが、東京から安中まで車三台を飛ばすということは、普通の庶民には思いもおよばぬことであった。新島の貧乏書生としての生活は、田中理事官との視察旅行が始まるとともにおわっていたのである。ひた走りに走った人力車が安中に着いたのは翌二十八日の夜半であった。

真夜中に両親の住居の戸をたたくことは差しひかえて、新島は安中町内の宿屋にとまった。そして翌朝も、両親にあまりにも大きな驚きを与えることを恐れ、最初に使いの者をおくり、そのあとに一〇年ぶりの親子対面を行なった。老父民治が、うれし

涙をそのまま、

姿見てうれしさ胸にさしつまり
言葉も出でず泪先きだつ

という歌で表現したのにたいして、息子の七五三太は、

古郷へかざる錦は箱に在り
今身にまとふ時にあらねば

と詠じて、自分の仕事はこれからだ、という気持ちを表明した。新島が同志社英学校を設立したのはこの日から数えてちょうど一年目である。

新島は、ひと月たらずのあいだ両親や姉たちと寝食をともにした。(2) しかしそれは静穏な休息の期間ではなかった。アメリカで一〇年も勉強していたという人物の顔を見ようとして、あるいは異国の珍しい話をきこうとして訪ねてくる客はあとを絶たず、新島も求めに応じてアメリカやヨーロッパの文明について、教育事情について、風俗

について話をした。家の中ではせますぎるので、小学校やお寺を使用して話をするということになると、たちまち二〇〇人近くの人が集まった。キリスト教の話も、出ないはずはなかった。切支丹邪宗門禁制の高札が取り払われたあととはいえ、キリスト教をこわいもの、危険なものだと思いこんでいる人は無数にいた。新島が龍昌寺というお寺で講演をしたとき、高崎から官吏が何名か聴講にやってきて、話の要旨を上司に報告した。上司はさらに中央に報告してうかがいをたてると、新島なら心配無用という返事がきた。岩倉、木戸らの使節団の訪米、訪欧にさいして新島がひと働きもふた働きもしたことが、帰国後ものをいう結果になったのである。

年老いた両親は、先祖からの古いしきたりに従って、家の中に仏や神さまをまつっていたが、外国から帰ってきた息子は、これらすべては偶像であり、何の値うちもないことを親に言ってきかせ、了承を得たのちそれらを火の中に投じて灰にしてしまった。両親としては、洋行帰りの息子に圧倒され、息子の信じているキリスト教にたてつく自信も気力もなく、なすがままにまかせたのであろう。

横浜のグリーンからは、十二月二十七日の聖日には大阪に顔を出すようにとの便りがとどいた。新島としては、二十七日には間に合わないにしても、いつまでも安中にとどまってはおれないという気になって、二十六日東京に向かった。そして二十八日には文部省に足をはこんで、文部大輔(次官)田中不二麿に会い、翌々日は田中の自宅に招かれて、ゆっくりと時を過ごした。ベルリンで別れていらい一年近く、思い出話はつきなかったであろうし、これからさき日本はどうなる、新島はどのように行動すべきかという話も、もちろん出たであろう。翌一八七五(明治八)年一月一日付けで、安中の父にあてた手紙の冒頭には、つぎのような一節がある。

……小子(私)儀、今に東京に在留、大阪表へ発足前、種々文部大輔殿と談判致し、此度兵庫表に於て大学校相立つべき目的もこれあり候あいだ、其の事件相成ると成らざるは、未だはかりがたく候えども、先ず十に七分は成就の事と存じ候あいだ、大人におかせられてもご喜欣、もしこの学校出体に及び候わば、日本当今の悪習をも一洗すべき一機械(機関)と相成るべく候儀さように候わば、小子の十年間、大人にご苦労相かけ候事も今にいたり全く不孝の児にあらざる事をご覚知下さるべく候。……

新島が同志社をなぜ京都にたてたのか、なぜ東京にたてなかったのかという疑問は、今まで多くの人によってくり返されてきた。しかし候補地は、実は新島がアメリカに滞在していたときからすでに内定していたのであって、それはボード系の宣教師の集まっている兵庫表ないしその付近であり、兵庫(神戸)から遠く離れた地域などは問題ではなかったのである。ラットランドの年次大会に出席した名誉議員三〇九名のリストの中にはジョセフ・ニイシマの名前も見いだされるが、名前のあとには Kobe, Japan と記されていて、新島の任地は帰国前から決定されていたことを示している。神戸ないし大阪にボード系宣教師が定住し、そこで布教に従事しているのであるから、新島もそこに居を定め布教に協力し、他方大学設立の準備にとりかかり、宣教師たちと絶えず相談し同意を求めながらやっていく、それ以外の道はありえないのだから、新島は父親あての手紙の中で「兵庫表に於て大学校相立つべき目的」などと書いたのである。「十に七分は成就の事と存じ候」というのは、なんとも甘い考えのように思えるが、これは田中文部大輔が新島の希望的観測に相づちをうった結果かもしれないし、老父を安心させようという新島のおもんばかりであったのかもわからない。

この機会に、新島が襄を名のったのはいつからか、についてひとこと触れておくと、彼は、ヨーロッパへ向かって出発する直前、父親あてに書いた手紙の中で、自分の名前を七五三太事約瑟としている。ジョセフ Joseph は旧約聖書創世記中の重要人物の名前であるとともに、新約聖書に出てくるイエスの父の名前でもある。新島は漢訳聖書の中で、ジョセフに約瑟という漢字が当てられていたので、それをそのまま採用したのであろうが、父民治は、約瑟という二字の前に、頭をかしげたにちがいない。新島自身も日本へ帰ってから、約瑟ではまずいと思ったらしく、一月一日付けの手紙をさいごに、そのつぎからは、ジョセフのジョを襄という漢字で表わすことにしたのである。

一月二十一日には船で横浜を出発して大阪へ。そして大阪へ着くと川口与力町に住んでいる宣教師ゴードン M. L. Gordon を訪ねた。ゴードンはアンドーバー神学校で学んでいたころ、同じく神学生であった新島と知り合い、日本の話、大阪の町の話を、新島から聞かせてもらっていた。一八七三(明治六)年十二月十六日付けで大阪のゴードンがアンドーバーの新島に出した手紙には、日本語のできる新島が、神学教育を修了したあかつき日本に帰り、自分といっしょに働いてくれればうれしいと書かれている。期待が実現し、手紙を書いてから一年と三か月目に、新島が日の前に現われたのであるから、ゴードンはさぞかし喜んで迎えたことであろう。

ゴードンは年をとってから『波瀾の多かった三〇年』という題でアメリカン・ボードの日本伝道史を書いているが、その中で、大阪に住みついてまもなく経験したできごとをつぎのように伝えている。

官立学校の生徒数が四〇〇名から四〇名に減らされることになり、そこで生徒たちはわれわれ(アメリカ人宣教師)の所へやってきた。彼らは群れをなして押しよせてきたが、ある者は英語の聖書を手にもっていて、どうかイングリッシュ・バイブルを教えてください、と言った。彼らは要求するに当たってバイブルということばに力を入れたが、心中ではイングリッシュのほうがはるかに大切だったのである。(3)

ゴードンにとっては、逆にイングリッシュよりもバイブルを教えることのほうがずっと大切だったのであるが、新島はこの話をゴードンから直接聞いたにちがいない。聞いたとき、新島はおそらく苦笑したであろうが、新島がやがてぶつかった問題は、英語、英学かそれとも聖書かというだけの単純な問題ではなく、学校開設に当たって、監督官庁から聖書を教えてはいけないと釘をさされ、看板は英学校にして内がわでそおっと聖書を教える、聖書と神学だけではだめだと宣教師相手に主張しても意見は通らない、そういう苦しい状況が新島を待ちかまえていたのである。

新島はゴードンの家に世話になっているうちに、木戸孝允が大阪に滞在していることを耳にした。新島は、アメリカやドイツで何度か木戸と話しあう機会をもち、木戸からの信頼をうけたという記憶もあり、学校設立にかんして力になってもらおうという気になって、一月二十七日木戸を訪ねた。

木戸は、さっそく新島のためにひと肌ぬごうという気持ちになってくれた。言うまでもなく、木戸は長州閥の大親分であり、新島は木戸のあっせん、木戸の口ききによって、さまざまな長州人から便宜を与えられ、援助をうけることになった。

大阪府庁には参事官として長州人内海忠勝がいた。木戸はさっそく新島を内海に紹介した。大阪府知事渡辺昇は長崎の大村藩出身であったが、木戸は白ら渡辺知事のもとへ足をはこび、アメリカから帰朝したばかりの新島という人物が、この大阪に中学校を設立しようという計画をもっているので宜しくという依頼をした。新島が、大学校設立の計画を木戸に語ったとき、木戸は新島が日本の教育制度の実情にあまりにもうといことに気がついたにちがいない。義務教育としての小学校制度がようやく確立したばかりの時期に、いきなり大学校の話を府の役人にもっていくのはどうかと思って、木戸が勝手に中学校と改めたのかもわからない。

木戸のところへ、これも長州人で磯野小右衛門という男がやってきて、大阪に遊園(公園)を開設する費用として大金二万円をさし出すというハプニングがあった。当時は日本の円とアメリカのドルとは、ほぼ同じ値打ちであったから、二万円は新島がラットランドで得たカンパの総額の四倍に相当した。木戸は、その金をいったん預かったが、遊園をつくるより、新島襄の計画している中学設立にまわしたほうがよくはないかと考えて磯野を説き、その話を渡辺知事にも伝え、さらに新島にも伝えた。木戸の新島にたいする肩入れがちょっとやそっとでなかったことがわかる。

渡辺知事は、新島襄の念願している中学校がキリスト教主義の学校でさえなければ、比較的簡単に許可したかもしれない。しかしキリスト教にたいする大阪府民の偏見、違和感、警戒心のようなものがあって、やっかいな問題が起こるだろうという予感はあったし、渡辺知事自身、キリスト教に対していささかの好意ももっていなかった。彼は、前任地の長崎で、天主教徒に残虐な仕打ちを加えた人物であった。

新島の申請に対する知事の答えは、学校設立の許可はしよう、しかし外国人宣教師を教師として雇うことは認めないというものであった。それは中央で決めた方針にそったものであったが、宣教師に教えさせないと強く言われれば、新島の構想しているクリスチャン・スクールは成りたたない。二万円への未練はあったが、大阪は断念するほかなかった。

一方、新設しようとする学校のイメージが、新島と宣教師たちのあいだで大きなへだたりがあり、宣教師たちは、新島がラットランドで得た五〇〇〇ドルで手軽な伝道師養成機関を考えていることが明らかになってきた。新島の夢想しているクリスチャン・カレッジ、それはずっと先の話だと、彼らはみんな考えているようだった。

注

（1）"A Sketch of the Life of Rev. Joseph Hardy Neesima" by J. D. Davis, 1890, p. 44.

（2）家がせま過ぎるので、近くの寺に居を移していて、食はいっしょでも、寝は別だったという説が、安中市の一部で行なわれている。

（3）"Thirty Eventful Years" The Story of the American Board's Mission in Japan, 1901, p. 17.

二　イエス・キリストの奴隷

新島は、四月一日まで大阪のゴードンの家を仮住居としていた。三月七日付けの民治あての手紙には「最早暖気、梅花已に落候而《て》毎朝鶯の声に而目覚候次第、久しぶりに而日本の春を迎え鶯の声も別し而面白く、幼少之節に覚えし所の詩歌抔《など》を思出し……」とのべている。アメリカ宣教師の家に寝起きし、英語を話し、三度三度西洋ふうの食事をとっていても、庭に梅の花は咲いたであろうし、うぐいすも鳴き声をきかせてくれたであろう。新島は、日本を遠く離れての生活があまりにもながかったことを嘆じたにちがいない。同じ手紙の中に、一〇万円か一五万円の金額を集めないかぎり、学校建築にもとりかかることができない、と書かれているが、新島も日本の実情がしだいにわかってきたのである。一〇万円は、半世紀前、アーモスト大学設立のために準備された金額の倍に相当する。

ちょっとやそっとで一〇万円の金が集まるはずはなく、キリスト教主義学校設立の許可が得られるかどうかという不安はそのままで、どこへ学校をたてるのかという問題がそれにからみ、さらに学校の性格をめぐっての新島と宣教師との意見の対立も深刻であった。新島は伝道師養成をけっして否定はしなかったが、水準の高い一般的教養を与える大学ないし大学なみの学校が必要であることを主張しつづけた。しかし新島の旗色はわるかった。「もしも彼ら(宣教師たち)が、日本青年の知識に対するはげしい欲求をみたすような授業をしてくれるならば、私はそれ(伝道師養成学校設立)に合意するつもりです。もしもわれわれが、ただ神学と聖書とだけを教えるならば、日本のすぐれた青年たちは、われわれのもとにとどまらないだろうことを私は恐れます。彼ら青年は、近代科学をも求めているのです」[(1)]。ボード系宣教師の会合が三月に行なわれ、新島の主張は通らなかったので、新島としては後退せざるをえなかった。しかし神学と聖書だけを教える学校ではだめだという信念、この信念だけは終始一貫変えようとはしなかった。

学校をどこに設けるかについては、宣教師たちの意見もまちまちらで、京都はもちろん候補地として何度か話題にのぼった。京都の人口は三〇万、大阪は四〇万、神戸は急速に大きくなりつつあったが、当時の人口は五万にみたなかった。新島は、京都がどんな町か、一度見ておきたいと思って、四月一日、一本の杖、一本の雨がさ、それに日用品ひとそろえを身につけてゴードンの家を出た。乗りものけ人力車を主として利用し、奈良で一泊、宇治で一泊、大津を通って阪本で一泊した。つぎの日は日曜日、教会堂はどこにもないので宿で聖書を読みながら静かに休養、その翌日は比叡山にのぼった。京都の町なかに足を踏み入れたのは五日の午後で、三条大橋西の目貫屋旅館で旅装を解いた。新島は、ゴードンがその日、目から鼻の先の三条木屋町上ル二一番地に宿泊していることをあらかじめ知っていたので、その夜、就眠前に彼を訪ねた。

ここで、京都府と外国人宣教師との関係についてひとことのべておかねばならない。府は、一八七二(明治五)年以来毎年、京都の町に大博覧会を催し、その開催中は外人が町にはいることを許した。鎖国が解かれたといっても、外人は神戸や大阪のような開港場以外の地への立ち入りの自由は認められていなかった。インテリヤー(奥地)ということばが用いられ、京都もまさに奥地であって、博覧会開催のおかげで外人はようやく千年の古都を親しく目で見る機会を与えられたのである。アメリカ宣教師はそのとき予想外に好遇され、ギューリックは引きつづき京都にとどまって英語を教えるよう、ベリーは医学を教え診療をも行なうよう依頼された。ただ条件として「キリスト教を口にしないこと」という項目があったが、ギューリックは契約書にサインするに当たってその項目を一方的に抹消してしまった。するとたちまち退去命令をくらうというようなできごとがあった。(2)

ギューリックは、京都に滞在していた期間中、京都府顧問山本覚馬と接触する機会をもち、『天道溯《そ》源』と題する一冊の書物を彼に贈った。それは北京で宣教活動に従事していたアメリカ人マーチンの著作"Evidences of Christianity"を漢訳したもので、盲目の山本は、人に音読してもらって耳で聞き、その内容にひどく心を引かれた。彼はくり返し読んでもらっているうちに、今までキリスト教にかんして抱いていた疑問がすっかり解けたように思った。「私は、過去において知らなかった道を、いま発見することができた(3)」と彼はゴードンに語ったということである。彼は『天道溯源』を

四、五冊も買い求め、これを友人知己にくばって一読を勧めるというほどの熱心さも示した。彼はつぎには日本訳の福音書、漢訳の新約聖書なども手に入れて研究を深めていたようである。

新島は、入洛後まもなく府知事槇村正直を訪問し、二度三度面談を重ねた。槇村は、長州の出身で、木戸孝允とは親しい関係にあり、年は木戸より一つ下であった。開明主義者として知られていた人物だけに、海外留学一〇年の新島を快く引見したようであり、木戸の紹介状がものを言ったのだろうという推測をしている人も多い。槇村は新島を山本覚馬に紹介し、河原町御池下ルの山本邸で新島は初対面のあいさつをした。山本については、ゴードンその他の宣教師からうわさをきいていたので、話は当然キリスト教とキリスト教主義学校設立のことにおよんだ。山本は、その学校を京都にたててはどうかと勧めた。どういう理由をあげて勧めたかは明らかでないが、京都の住民が小学校開設に当たって示した積極性と熱意、槇村知事の進歩主義、長州閥であるため中央との連絡が好都合に運ぶであろうこと、山本覚馬自身力ぞえをするという確約、そういう話がつぎつぎに出て、新島の心はかなり動いたようである。二十四日に大阪へいったん帰り、それから三日目に彼はアーモスト時代の恩師シーリーにつぎのような手紙を送っている。

私は、私がこれからつくろうとしている大学を、大阪ではなしに、その土地(京都)にもってくるよう、その土地の傑出した人物の一人によって説得されました。もしもキリスト教を公然と教えることの許可が得られるならば、私はそうしてもいいと思います(四月二十七日付け、同志社所蔵)。

傑出した人物の一人というのは言うまでもなく山本覚馬であり、新島は山本によって説得されたI was persuadedと語っているのである。新島の心が京都に傾いたからといって、宣教師たちはすぐには賛成しなかったであろう。ゴードンの京都観をつぎに紹介するが、それはおそらく宣教師すべてに共通した考えだったと思われる。

京都は仏教の中心地であり、そこには三五〇〇のお寺があり、八〇〇〇人の僧侶が居住している。天皇の玉座と密接に結びついている神道もまた二五〇〇の神社と神官《(ママ)》をもっている。町なかでイギリスの公使が襲撃され、横井小楠《しょうなん》が、キリスト教に好意的であると疑われて暗殺されたのもつい数年前のことであるが、これらは京都の極端な保守主義を証明するものである。こういう都市、そして外人宣教師が居住のために中央政府からいちいち居住許可証をもらわねばならないような都市の中にキリスト教主義大学を設立するというのは、危っかしい企てである。(4)……

五月には宣教師の会議が開かれ、学校を京都に開設するかどうかの問題が議せられた。結論は京都開設に落ちついたが、学校の性格にかんしては、すっきりしないままであった。新島は神学と聖書とだけではだめだという考えを引っこめるようなことはしなかったし、宣教師は宣教師で伝道師養成学校だけを念頭においていた。宣教師の中では、J・D・デビスが新島の考えに比較的理解を示していた。六月に、新島はデビスをともなって二度目の京都入りをした。このときは、人力車ではなく、淀川を蒸気船でさかのぼり、伏見で下船して町なかにはいった。新島として、たよるべき人はまず山本覚馬であったが、学校建設のための用地の問題は、山本が自分の所有している御所の北がわ、相国寺門前町の土地を、やすい値段でゆずり渡してくれることによって簡単に解決した。坪数五八五五坪、代金は五〇〇円であった。このあたりは薩摩屋敷跡と称せられ、明治元年には薩摩の武士が佐幕派の武士と斬り合って血を流した場所でもあったが、新島が初めて視察にきたときは、一面の桑畑で、人かげまばらであった。

学校が正式に認可されるかどうかについて、この時期に明るい見通しがあったわけではないが、槇村知事が新島に対して、好意的だということは確かなように思えた。新島としては、正式認可をうるための折衝につづいて、教師に予定されているデビスの京都市内居住認可のためのかけ合いもしなければならなかった。大阪から人力車や蒸気船に乗って通っていたのでは、事がはかどらないので、七月始めには居を取りあえず山本覚馬の家に移し、戸籍を上州安中から京都に移すことにした。転籍にさいして新島の身分は士族から平民に変わった。

八月中旬には文部大輔田中不二麿が西下して新島に会い、ぜひ文部省に来て働くよう、自分を助けてくれるよう懇請した。田中は、一八七二(明治五)年の暮れ、ベルリンの宿舎で新島に同じような懇請をし、日本へいっしょに帰るよう説得したが、ついに不成功におわった記憶をもっている。新島は、田中が西下する前、八月三日付けで田中に手紙を送り、それに対して田中は九日付けで山本覚馬方の新島へ返事をしたためている。返事の中味は簡単なもので、別にどうということはないが、新島が学校を京都に設立する決心でいよいよ本腰をいれ出したらしいことは、田中にも察しがついていたはずである。にもかかわらず、わざわざ真夏の京都へ出向いて、新島の説得に乗り出したというのは、文部省が人材を必要としており、新島こそまさにその人材であることを田中が確信していたということのほかに、日本では私学は育たない、仏教の町京都でキリスト教主義の学校が栄えるはずはないという見通しに立って、新島にむだな努力を思いとどまらせようとする意図があったのかもしれない。田中は宿屋に二泊し、足かけ三日間新島を口説いた。しかし、いい返事はついに聞かれなかった。田中は忍耐の限界に来て、「君はイエス・キリストの奴隷だ」(5)と言って席を立った。

「イエス・キリストの奴隷」というセリフを口にしたときの田中は、三年前、ワシントンで、新島が「私は日本政府の奴隷ではない」と言っていたのを思い出していたのかもしれない。新島にとって、イエス・キリストの奴隷であることは屈辱ではなく、逆に名誉であったにちがいないが、田中はおそらく、いまいましい気持ち七分、節を曲げなかった新島をあっぱれと思う気持ち三分で、東京へ引き上げていったものと思われる。月給の話が田中の口から出たかどうかはわからないが、文部大輔は四〇〇円、その下の少輔は三〇〇円、大書記官は二〇〇円(6)、庶民からみればため息の出るような高給であった。新島が仕官するとすれば、まさか大書記官以下ではなかっただろう。

私学開業願い(7)を、新島が正式に京都府知事槇村正直あてに提出したのは、八月二十三日である。この開業願いには、つぎのようなことがのべられている。「宣教師を雇い入れて、学校教師を兼ねさせることは、文部省規則では許されないことを知っているけれども、自分たちは金に窮していて、数千円の俸給を払って外国の学士を雇うことができない。その点宣教師はむさぼらないので、これを雇い入れることにしたので認可してほしい」。つまり金に窮しているという口実のもとに、宣教師の教師任用を認めさせようという索戦で、文部省規則には違反するだろうけれども、特別のお取りはからいをお願いしたい、といっているのである。

第二には、「京都府には英学を教える学校がまれで、文明の進歩のため、われわれは日夜心を労し、一日も早く開校いたしたく思っている」とのべ、学科目にかんしては、英学、支那学、算術、地理、天文、化学、地質学、万国歴史、文明史等々がならび、修身学はさいごにおかれている。キリスト教主義教育の意図を完全にふせてしまって、まだその上に、道徳教育までも特別重視していませんというかっこうにしなければならなかったのである。このように気をつかっても、認可は果たしておりるのかおりないのかわからなかった。キリスト教を恐れ、毛嫌いする国民感情、特に京都の住民感情が、当局をけんせいしていることは明らかであった。

開業願いを京都府庁に提出したその日の夜、新島は槇村知事をプライベートに訪問して、許可が出そうなのかどうかを打診した。槇村は、宣教師デビスを教師として雇い入れる件は文部省布達明治六年第八十七号に抵触するので、許可はむつかしいと言い、それに対して新島は、文部省の役人、九鬼隆一（注・兵庫県三田の教会でデビスから洗礼を受けた人物）とあらかじめ話をしてだいたいの了承はすでに得ているという意味のことを告げた。槇村は、文部省なり外務省なりが例外的に認めるということであれば、地方官庁としてもあえて反対はしないが、どうも危いと思われるので大至急東京へ出向いて中央の責任者に直接ぶつかり、了承をとってこいと言った。(8)

そこで新島は、翌朝二人引きの人力車を雇って東海道を突っぱしった。途中、四泊したのか五泊したのか、宿泊するごとにあら手の車夫を二人雇って走らせる、これが当時の超特急リレー方式であった。文部省での折衝相手が田中不二麿であることは、新島にとって大きなしあわせであった。文部卿は欠員のままになっていたので文部大輔の田中が事実上の最高責任者であった。田中は、新島のために特別の取りはからいをしてもいいとは思ったが、一方で、京都の仏教徒による反対運動が気がかりであった。九鬼隆一は、四等出仕という下っぱの役人ではあったが、新島の希望をかなえさせてやりたいと思って、いろいろ骨を折ったもようである。事は、外人宣教師雇い入れにかんする問題なので、外務省の了承も得ねばならない。新島は新島で官僚を相手に三日間ねばりつづけた。そしてさいごに田中がためらいながら決断をくだした。文部省指令文書には、はっきり許可するとは書かれていなかったが「許可不苦」許可しても苦しうない、というくらかぼやかした表現になっていて、文部大輔田中不二麿の印が押されていた。日付けは九月三日、新島に対して田中がここまで好意を示したのは、彼が京都で「君はイエス・キリストの奴隷だ」と新島に向かっていったあの捨てぜりふがけっして新島を全面的に軽蔑した上で発せられたものでなかったことを証明している。

京都府庁は、文部省が許可しても異論をとなえないというなら許可をしようかということになって最終的に同志社の開業願いを認めることにしたが、庁内の役人の中から、つぎのようなふんまんの声が出たのも当然であろう。「八十七号の御布達は新島襄のために消〈え〉たる如し。文部の長次官は耶蘇の人なり、真正の文部官にはあらざるべし」[9]。

注

（1） "Life and Letters" p. 195. この手紙の受け取り人の名前はしるされていないが、十中八九までハーディー夫妻（のいずれか）と思っていいだろう。

（2） "Thirty Eventful Years" p. 14.

（3） "Thirty Eventful Years" p. 21.

（4）"Thirty Eventful Years" p. 22.

（5）"Davis, Soldier Missionary" p. 144. "You are indeed the slave of Jesus Christ, Good bye" となっているが、これは新島が田中と会って別れたのち、自分の語ったことを英語に直してデビスに、報告したのであろうから、新島が実際どう言ったのかはわからない。従来の『新島襄伝』では、「新島君、君は基督の奴隷じゃ、さらばじゃ」とか「キリスト教の奴隷だ」などとなっている。

（6）『明治の政治家たち』上巻、服部之総著、一九五四年、岩波新書、一一〇ページ。服部は明治十年の官員録によっている。

（7）「史料彙報」第五集、二、三ページ。

（8）「史料彙報」第五集、四八ページ。

（9）（7）と同一箇所。

三　同志社英学校の発足

一八七五(明治八)年十月十九日、宣教師デビスは、おなかの大きい妻と、二人の幼い女の子、アメリカ人の家政婦、日本人の下男二人、女中一人を引きつれて神戸から京都に移ってきた。御苑紫宸殿の東にある華族柳原前光のひろびろとした邸宅の一部分を、デビスは借りうけたが、このうわさが住民のあいだに伝わらないはずはなく、そのことと結びついて、耶蘇の学校がいよいよ認可されたらしいという風評もひろがり始めた。「一万二〇〇〇名の仏教徒、神官がくり返し大集会を行ない、古い都がながいあいだ経験しなかったような騒ぎが起こった。本願寺の僧侶は、ほとんど連日府庁におしかけ、高価な贈り物をし、請願また請願、憎むべき〈耶蘇教の〉運動を、しょっぱなの所でたたきつぶそうとした」(1)。これはデビスの長男メアル・デビスの著書からの引用であるが、父親の日記をそのまま写したのか、あるいは日記をもとにしての叙述であろうと思われる。メアルは当時生まれたばかりの赤ん坊であった。新島とアメリカ人宣教師を追放せよ、という声は高まってきて、府庁は動揺した。槇村知事の新島に対する応待のしかたも、にわかに冷たくなった。

同志社英学校は、十一月の末に開校の予定であったが、同月二十三日、槇村知事は新島を府庁に呼んで、聖書を学内で教えることはしないという一札を入れるよう要求した。圧力団体が押しかけてきたとき、このとおり一札とってあるといって見せるための材料がほしかったのであろう。そして知事はさらに口頭で、聖書を自宅で教えるのは差しつかえない、修身学の授業のさいにキリスト教の話をすることもできるでは

1876年，相国寺門前に竣工した同志社英学校の専用校舎．

ないか、となだめるようなことを言った。それは槇村知事の思いつきというよりは田中文部大輔の考え出した妥協案だったらしいのだが、新島はやむをえないと判断して、要求されたとおりの文書を提出した。

デビスはこの報告を聞いて顔色を変えた。聖書を教えることのできないクリスチャン・スクールとは何か。自分はいったい何のために京都へやってきたのか。デビスは興奮し、荷造りをして京都を立ち去る準備を始めた。しかし時の経過とともにいくらか冷静さを取りもどし、自分は新島と山本とのあいだに契約を結んで雇われることになったのだから、雇い主の意志に従わなければならない、特に生まれたばかりの赤ん坊の親として、軽はずみのこともできない、そういうふうに思い返してデビスは退職の決心をひるがえした。しかし、腹の虫はすぐにはおさまらなかったであろうし、新島は新島で苦悶の色を深めていたであろう。

一八七五(明治八)年十一月二十九日、その日は、官許同志社英学校の開業式が、寺町通丸太町上ルの仮校舎で行なわれることになっていたが、開業式に先んじて、祈り会が新島社長の自宅で開かれた。

祈り会のとき、新島がささげた「真剣な、やわらか味のある、涙にぬれた祈り」を、同席したデビスはけっして忘れることができないであろうと書いている。しかしそのあと場所を変えてとり行なわれた開業式にかんしてはデビスも他の出席者も、思い出を書きのこしていない。祈り会に出席した生徒は六名であったが、開業式のときは二名ふえて八名になったということだけである。

このことから推測できるのは、祈り会こそクリスチャン・スクール同志社にふさわしい開業式であり、理事者と教師と生徒だけの内輪の集まりであったということ、開業式と銘うったほうは、府庁の役人を始め、心を許せない人々が出席するので、キリスト教主義を表面に出すことはさし控えねばならないという事情があり、まったく形だけの式におわったのではないかということである。同志社英学校は、創立のその日から、内は内、外は外という二重性、不幸な二重性に生きなければならなかったと断定してまずまちがいはないだろう。

まず、同志社社長新島襄、結社人山本覚馬の名で発表された同志社仮規則第一条を読んでみよう。この仮規則は、明治八年十一月となっていて、日付けはないが、月末の開業式に間に合うよう印刷されたものと思われる。

一、我等同志の者、我国に於て文学の隆盛せん事を望み、社を結び、英学校を開き、之を名〈づけ〉て同志社と称し、米国宣教師ジェー・デー・デビスを招き、普通学科を教授せしめ、且日本教師数名を雇い、其足らざる処を補〈わ〉しむ。

この第一条以下さいごの第十四条まで、キリスト教主義を感じさせる部分はどこにも見当たらない。気にするとすれば「米国宣教師」のひとことであるが、普通学科を教授せしめ、と書かれており、第十三条にかかげられている科目名は、まさに普通学科のそれである。仮規則書は、内部向けであるとともに外部向けであり、外部の人の目に触れるかぎり、キリスト教主義は表面に出せないし、といって内部ではキリスト教主義教育をやろうというのであるから、新島としては苦しい立場であった。良心に恥ずることはないのに、うしろめたい感じからのがれることはできないという生活、隠れキリシタンほどではないが、半非合法主義をよぎなくされていたのである。内と外とを区別するといって、そんなに手ぎわよくできるはずはなく、内のことは外にもれて、同志社は英学校の看板をかかげて耶蘇教の宣伝をしているといううわさが出始めた。

一方、生徒の数は、ぽつりぽつりふえていった。耶蘇教の魅力か、英学の魅力か、それとも洋行帰りの新島の魅力だったのか、同志社英学校の名は口から口に伝わって、創立の年の暮れには二八名に達した。

この二八名というのは京都府学務係の調べによるものであるが、同年十二月三十一日現在で京都(現在の京都市)の私立学校の数は十八、教員数はおのおの一名ずつ(同志社はデビス一名)。学科は支那学を教授する学校十四、筆道二、数学一、英学一で、生徒数は最高が五〇人、同志社は六番目であった(同志社社史史料編集所発行「史料彙報」第五集、三、四ページ参照)。

なお、府立の学校としては中学、新英学校、独逸学校、女紅場などがあった。

年があけて、一八七六(明治九)年一月三日、デビスの私宅で新島襄の結婚式が行なわれた。花嫁は山本覚馬の妹八重子で数え年三十一歳、花むこより三つばかり若かった。新島の結婚の相手は、キリスト教の信仰をもった女性であることが望ましかった。しかし、明治八、九年という時期に、キリスト教をかなりの程度に理解し、信仰に生きようと志していた未婚の女性が、京都の町なかにいったい何人いたであろうか。八重子は、兄の家に起居していたため、『天道溯源』あるいは日本語に訳された福音書を読む機会はあっただろうけれども、特に宗教的情操ゆたかな女性であったとも思え

1877 年，同志社英学校生徒と新島校長(右端).

ない。新島との結婚の話がすすむ過程で、できれば洗礼を受けていることが望ましいということになって、八重子は受洗の決心をし、結婚式の前日、デビス司式のもとに、神の前に入信の誓いをたてた。彼女は明治元年九月、会津の城にたてこもって官軍に抵抗した履歴をもっており、結婚の直前まで京都女紅場(京都府立第一高等女学校の前身)の舎監をつとめ、なぎなたの素養もあり、ただやさしい、おとなしいだけの女性ではなかった。会津で一度不幸な結婚生活を送ったのち離婚し、京都の兄の家に世話になっていたのである。

結婚式には、山本家の親戚の者は参加したが、新島の年老いた両親や姉たちは、汽車もないのに遠い妙義山のふもとから出てこれるはずはなかった。結婚式をあげたことをアメリカのハーディー夫妻に知らせるため、花むこの新島は一月六日付けで手紙を書いているが、そこには「式典がおわったあと、茶菓が出され、だれも彼も幸福そうなようすでした。それは京都に住んでいる日本人クリスチャンの最初の結婚式でした」ということばが見いだされる。ながい独身生活のあとに、新島はようやく家庭のあたたかさを経験することができたが、同志社英学校の前途を思えば、寒風吹きすさむ中に突ったっている自分に気がついたことであろう。

京都府庁は、学校内で聖書を教えることを許さないだけではなく、教師として新島が予定していた二人のアメリカ人宣教師、ラーネッドとテイラーの京都への転入を容易には認めようとしなかった。京都府庁を動かしているものとしては、仏教徒の根強い働きかけがあった。青い目の宣教師を魔法使いとして恐れ、危険視する庶民の層もあった。一方、宣教師の中には、教室でバイブルを教えることができないのなら、学校を京都府以外に移転せよという主張が出てきて、宣教師会議の議題になった。決議されるまでにはいたらなかったが、新島の胸は事あるごとに痛んだ。ラーネッド夫妻は同志社英学校開業式が行なわれるより前から日本に来て、京都への転入が許可されるのをじっと待っていたが、五か月ぶりでやっと同志社の教壇に立つことができた。

テイラーもラーネッドと同じ日に許可された。かつてベルリン滞在中、新島と同じ宿でクリスマスを祝ったボストン市民のシアースが、新島の住宅を建築するため一〇〇〇ドルを送ってくれるということもあったが、緊急の問題は、相国寺門前町の敷地に本校舎をたてることであった。安中の両親は、息子が妻帯し、京都に定住することになったのだから、世話になる決心をして四月に引っ越してきた。からだの不自由なみよ(襄の姉)、双六のあとつぎ公義(襄の義甥)もいっしょだった。

1876 年，結婚式後の新島襄と八重.

一八七六(明治九)年二月、反対運動があまりにもはげしいので、デビスは、同志社がぶっつぶされるのではないかと案じていたが、そうした暗たんたる日々がつづいているころ、ある朝一通の手紙がとどいた。差し出し人は熊本のL. L. Janesでデビスが今までに聞いたことのない名前である。ジェーンズもデビスも、奴隷解放のため北軍の将校として戦った点では共通していたが、ジェーンズは宣教師ではなく、軍人であるということで熊本洋学校に招かれた人物であって、教派も長老教会の系統だった。彼の教え子が花岡山で奉教趣意書に署名し、キリスト教宣布の誓いをたてたのは一月三十日であったが、その日から熊本の町は引っくりかえった。生徒たちは、親から棄教をせまられ、ある者は白刃を突きつけられ、ある者は座敷牢に閉じこめられ、彼らの所持していた聖書は火の中に投げすてられた。ジェーンズは、これら生徒の行く先を心配して、未知のデビスに手紙を送り、生徒たちを同志社で引きとってくれないかと頼んだのである。デビスとジェーンズとの文通はその後何回かくり返され、その間熊本洋学校は閉鎖され、ジェーンズは熊本を追われて大阪に移った。同志社は生徒を受け入れることを了承し、九月前後には着のみ着のままの姿の若者たちが、つぎつぎと京都へやって来た。

同志社の宣教師たちは、彼らの群れを熊本バンドと呼んだ。熊本バンドは、数の上では既存の生徒数よりすくなかったが、学問的水準の高さと気の強さでは、断然既存の者を抜いていた。ジェーンズから受けたきびしい教育のおかげで、彼らは英語の書物を読みこなすことができたし、キリスト教のほかに化学、物理などの知識も身につけていた。彼らは、同志社英学校の程度の低さと設備のみすぼらしさに失望し、以前からいる生徒たちを軽蔑し、新島校長の学識もたいしたことはないといってなめてかかった。熊本洋学校の生徒の流入は、同志社にとって確かに貴い輸血であった。創立以来、外圧になやまされつづけ、意気あがらなかった同志社は、にわかに活気づき、学校の水準は目に見えてたかまったのである。

注

(1)　"Davis, Soldier Missionary" p. 149.

四　社長としての新島の姿勢

新島は、結社としての同志社の長であるとともに、同志社英学校の長でもあった。京都府庁に対して提出する書類は常に同志社社長新島襄の名で、そして生徒に手渡す卒業証書は同志社英学校校長新島襄の名で出されるという区別は当然あったが、なにぶん一人二役のことであり、日常それほど厳密に使いわけがなされていたとは思えない。ここでは校長を兼ねた社長新島の姿勢を語るつもりである。新島は、社長として思うぞんぶんやりたいことをやったか、やることができたかという問いに対しては、制約と障害とがあまりに多かったという答えを返さなくてはならない。

新島を大きく制約した力としては、まず第一に京都府庁の名前が浮かんでくる。この地方権力機関は、自主的判断にもとづいてというよりは、むしろ京都地方住民の意志、耶蘇教に反感を抱く一部住民の圧力によって突きあげられながら動いていたのであった。

京都の地に学校を設立した新島は、学校監督権を行使する京都府庁に対して陳情し、嘆願し、ときには相手の蒙を啓《ひら》くために努力することはあったが、闘争的な構えで対決するということはできなかった。府庁の姿勢を硬いものにしていたのは、仏教徒を中心とする反対勢力の根強い運動であり、土地柄からいって、府庁としてこれに同調せずにはいられない面があった。新島は、仏教徒に挑戦するつもりで、キリスト教主義学校設立の場所を京都に選んだとは思えない。しかし、仏教徒のがわからすれば、アメリカ帰りの耶蘇教徒に挑戦されたと感じ、自分たちのナワ張りがよそ者によって荒らされるのは我慢できないと感じたであろう。

新島は、始めから、キリスト教主義の大学を日本のどこかに設立することを願っていたのであって、条件が整うまでは水準の低い学校でも当分は我慢するという考えはあった。しかし、キリスト教主義でもなんでもないただの学校を維持経営するということは、新島にとってまったくのナンセンスであった。キリスト教主義を学校の表看板とし、堂々と聖書を教えることを許さない地方権力の態度は不当であるけれども、現実には後退する以外に道はないと判断して、新島は、キリスト教主義を表面に出すことを断念し、権力者や反対派を刺激しないように気をくばりながら、静かに、そおっと福音を説くという方法をとった。しかし新島のことば[1]を借りるならば「プライベートな部屋で語られた真理が町全体に伝わり、地域の僧侶たちをひどく驚かせ騒がせる結果となった」のである。内と外との使いわけをしていても、内の秘密が外へもれないはずはなかった。新島は、学校内では聖書を教えない、という誓約書を府知事あてに提出させられているのであるから、誓約書に違反しているではないかと役人がいえば、新島として頭をさげる以外に手はなかった。

一八七九(明治十二)年五月二十八日、府の学務課長が下役一名を連れて同志社英学校の授業状況を視察した。あいにくデビスの修身学の時間に、出席している生徒全部がそれぞれ聖書を一冊ずつ机の上においているのが見つかってしまった。新島社長は数日後府庁に呼び出され、詰問された。学校の責任者であるかぎりなんともいたし方なく、「今後のところ精々注意するようデビス教師に申し渡しておきました[2]」という趣旨の始末書を新島はしたためる結果となった。府庁のがわは、同志社に対する不信の念を強め、新島のやり方を〝仮粧[3]〟だと非難し、新島社長を〝奸物〟だとののしった。府庁役人の作製した報告書はいちいち中央へ送られたが、外務省、内務省、文部省には、使節団の訪米のときいらい新島に敬意を払い、好意を抱いている人物が、大臣や次官の座にいたので、最悪の事態にはいたらなかった。新島は、真理だと信ずることを自由に語ることができず、くやしい思いをしながら、ひたすら隠忍自重するほかなかったのである。

新島を制約し、苦しい思いをさせていた第二の問題は金《かね》であった。単に金が足りないとか、費用がかかりすぎるとかいうことではなくて、アメリカから送られてくる金で学校を経営し、社長個人の生活費もその金でまかなわれているという特殊事情のために、新島は思うにまかせぬことが多く、特殊な、そして深刻な心労を味わわねばならなかったのである。

一八七七(明治十)年ごろの同志社の授業料は年額四円五〇銭、生徒数は女学校を加えて一〇〇名前後であったから、一年間の授業料収入は四五〇円で、それに対して新島社長の給与は年額八〇〇円、デビスら宣教師は一二〇〇円、独身の女性スタークウエザーは六〇〇円ということになっていて、授業料収入では教師一人を養うことすらできなかったことがわかる。宣教師はアメリカン・ボードから月給をもらっているのであるから、同志社として実際の支出はなかったわけで、一二〇〇円というのはかつこうだけである。新島もアメリカン・ボード日本国準宣教師に任命されているのだから毎月きまった額をもらっていたにはちがいないが、はたして八〇〇円であったかどうかは疑わしい。そして新島が受け取っていた額の大部分、ことによると全部がハーディーのふところから出ていた形跡もある。新島は伝道のため、たえず人力車に乗ったり船に乗ったりして動きまわっていたので、その交通費はボードから出ていたであろうし、弟子たちが伝道に出かけるさいに新島が手渡していた交通費も、出所はボードであろう。七六年にでき上がった英学校の建築費は六五〇〇円、これにつづく女学校の建物も六五〇〇円、土地は土地でつぎつぎと購入しているので、京都府庁の「同志社設立以来の経費大略見込」(4)は総計一万六一四七円、となっており、これら費用の出どころは、府庁の推定どおり、ボード以外にはないはずである。つまり同志社の経費の九〇パーセント以上は、まちがいなく太平洋の向こうがわから送られてきた金でまかなわれていたということである。デビスやラーネッドは、新島社長に雇われたことになっているけれども、それはなっているというだけであって、そういう雇い人に対して新島は社長らしくふるまうことはできなかったであろう。

熊本バンドの一人徳富猪一郎(蘇峰)は、創立当初の同志社への不満を『蘇峰自伝』の中で語っているが、この不満は今のべた九〇パーセント以上と深い関係があると見ねばならない。

当時の同志社は、全く米国の学校にて、祭日とて休むでなく、日本の国旗を掲ぐるでもなく、天皇陛下の万才を唱うるでもなく、土曜は朝から休日であり、日曜は休日と云わんよりも、寧《むし》ろ説教を聴く日であり……予が同志社に至って第一癪《しゃく》にさわったのは、宣教師の態度であった。何やら彼等は傲慢無礼であるかの如く感じた……

予が先輩の熊本バンドの中には、〈新島〉先生を以て平凡とし、先生を以ておとなし過ぎるとなし、先生を以て弱き人となし、先生を以て学識浅薄の人となし、教場にて先生をやりこめたりすることを得意がる者も全くないではなかった。……(5)

英学校の教科書は、ほとんど全部英語であったこと、卒業式のさいには、式場に日米両国の国旗が交差して飾られていたということもあった。

一八七六(明治九)年十二月二十一日付けで同志社社長新島が京都府知事槇村に差し出した「伺書《うかがいしょ》」によると、新島は、学校のかたわらに旗を二本立てる設備をし、〃皇国之御祝日〃には日本の国旗と同志社旗を掲げるようにしたい、そして米国〈アメリカ〕合衆国の祝日には、米国教師に対して敬意を表する意味で米国旗を掲げようと思うが、差しつかえはないか、おうかがいしたいと書かれている。府知事からは、米国旗のほうは聞きとどけがたいという返事が来たが、アメリカ合衆国の祝日にはアメリカの旗を掲げて祝うという発想が、比較的自然に出てくる空気というものが、初期の同志社にあったことは明らかである。ただ同志社が日本の学校かアメリカの学校か、わからないような印象を生徒なり、京都の住民なりに与えることに関して、新島に多少の危惧の念があったのか、あったにもかかわらず宣教師たちに圧されていたのか、それとも同志社はアメリカ人の好意と友情によって成り立っている学校なのだから、そのことを正直に表わしたほうがいいと考えていたのか、そのへんのところはわからない。

アメリカに滞在して、クリスチャン・カレッジ設立の夢をえがいていたころの新島は、私学財政の困難さについて、はたして本気で考えていたかどうか、せいぜいアメリカのクリスチャンたちが協力し援助してくれるのを期待する程度だったであろう。新島が日本へ帰り、同志社を設立したあと、アメリカのクリスチャンたちは、組織として個人として、期待どおり財政上の支援をしてくれた。しかし日本人が、外国人から金を送ってもらって、それで学校を経営するのは好ましくないという国民感情、そういうものは新島の計算の中には、はいっていなかったと思われる。

一八七九(明治十二)年一月二十八日、新島はラーネッド教師の滞留期限が三月で切れるので、延長願いの書類を府庁に出した。そして槇村知事に直接会ってよろしく頼むと、知事は、自分のできることはするが、すべては外務省の考えしだいということで、新島はまた東上を決意し、外務省を訪れて森有礼と懇談した。森は新島より四つ年下であったが、すでに外務大輔の地位にあった。森は「もしもあなたが、アメリカン・ボードからの資金ではなしに、自分自身の資金で外人教師を雇うのなら、それはあなたの権利である。外務省は、あなたがアメリカン・ボードに依存していることに対して異議がある」という意向を伝えた。それに対して新島は「アメリカン・ボードの毎年の仕送りはヒモのつかない金であり、われわれはそれをまともに使用している。他国民から援助を受けることは、禁止されているのであろうか？　もしもそうであるとするならば、法律はわれわれが他国民を援助することをも禁止しているはずである。中国の飢えている地域に向かって、われわれは昨年巨額の米を送らなかったであろうか。われわれの道徳的な飢え、知的な飢えに対して、外からの援助をわれわれは受けることはできないのであろうか」(6)。

新島のこの論法によって森は説得され、ラーネッドの滞留期限は五か年延長が認められた。

同年六月には、ゴードン教師の滞留期限延長願いが外務省内でまた引っかかり、外務卿寺島宗則は許可すべきでないという強い意見であった。しかし外務大輔森がこれまた強硬に突っぱって、辛うじて許可がおりたということがあった。新島は「外務卿はキリスト教を憎んでいる人物」(7)だとのべているが、キリスト教を憎む憎まないにかかわらず、外国の援助を受けて私立学校を経営するのはおもしろくないという感情が一般にあり、それがキリスト教のヒモのついた援助だということになると、その感情が、俄然強くなるということだったのであろう。しかしアメリカ人は日本の学校のために金を出すが、日本の金持ちはちっとも出さないではないかという式の議論は、当時ほとんど行なわれなかった。アメリカと日本の貧富の差が、絶対的であったからでもあろう。貧乏国は富裕な国の援助を受け、自分が豊かになれば、かつてのお返しをすればいいのだろうが、しかしヒモは常に問題であり、問題にしなければならない。アメリカから新島の学校同志社への援助がヒモつきでなかったことは、歴史が証明している。ただ新島が日本へ帰ったのちも引きつづき受けているハーディーからの援助に関しては、新島の教え子がまっ先にこだわりを感じたようである。貧乏な生徒からすれば、先生がアメリカの金持ちから毎月仕送りをしてもらって悠々と生活していることに釈然とできなかったのは、無理もないことであろう。「日本人で、新島のもっとも親しい友人二、三名」が、ハーディーからの送金を辞退するよう新島に忠告したことを、デビスは彼の著書の中で書いている(8)。友人 friends というのは、おそらく同志社の生徒のことであろう。

新島の心は、辞退する方向に傾いた。ところが同志社の会計状態は極度に窮迫していて、新島が辞退によって失ったものを補うことはとてもできない、世間はいろいろと批判をするだろうけれども、ここは大目的達成のために忍んでほしい、そういう意味のことを学校内の者が新島に伝え、懇請したので、新島も、もう一度気持ちを変えた、とデビスは伝え、そのあと新島が「十字架に釘づけにされて死ねるのなら、むしろそのほうが」と心の苦しみを訴えたことをも書きそえている。

新島と同じように、アメリカの会衆派教会で洗礼を受け、同胞にキリストの道を伝える決意を抱いて帰国した沢山保羅《ぼうろ》は、その清貧と自給(self-support)の思想・生き方のために、しばしば新島裏と比較される。

新島は、ハーディーのような立派なパトロンをもったおかげで、アメリカ滞在中、大船にのったような気持ちで生活することができたが、もしそうでなかったとしたら、彼は日本政府の奴隷になることを断固拒否しえたであろうか。沢山は、ハーディーのようなパトロンを見いだすことができず、政府の給費留学生になる機会をもつかむことができなかった。足かけ五年のアメリカ滞在の中で、沢山は当然窮乏に苦しまねばならなかった。帰国した彼に対して、日本政府は一五〇円の月給を与えて任用しようとした。当時県知事の月給もまた一五〇円であった。しかし沢山はこれを辞退して、浪花教会牧師に就任し、七円の月給に甘んじた。新島は、このような清貧の生活には耐えられなかったであろうし、耐えようとも思わなかったであろう。幼いときから新島は貧乏のつらさに泣くことはなかった。アメリカの富裕なキリスト教徒が、新島の志をよしとして快く援助をしてくれるならば、喜んでこれを受け、有意義に使用する、新島はそう考えてきたのである。しかし近い関係の者から批判を受けたとき、それは新島の胸にこたえ、耐えられないほどの苦しみとなったのである。

大阪の梅花女学校は、アメリカの伝道協会の援助なしに設立された最初のキリスト教主義学校である。梅花は、一八七八(明治十一)年沢山の努力によって誕生した。彼の浪花教会もまた自給・独立の教会であった。沢山が清貧主義を貫いたことは貴い。ただ清貧主義は、陽の当たらない片隅に、ほんのりとにおう小さな花でしかないかもわからない。

注

(1) "Life and Letters" p. 224.
(2) 「史料彙報」第五集、四五ページ。
(3) 同、二六ページ。
(4) 同、四九、五〇ページ。
(5) 『蘇峰自伝』一九三五年、中央公論社刊、八四、八五、八六ページ。
(6) "Life and Letters" p. 226.
(7) (6)と同一箇所。
(8) "A Sketch of the Life of Rev. J. H. Neesima" p. 76.

五　新島と生徒、新島とクラーク

新島が愛弟子蔵原惟郭《いかく》に与えた手紙の中に、つぎのようなことばがある。

我輩は生涯先師たらず、無知の後弟なり。
此の語最も生の意に適す、生同志社を創立せし以来、不幸にして先生と称せらる、是れ生の曽《かつ》て先生と称せらるゝを好まざれ共、亦止むを得ざる所あり、生自今は断然無知の後弟たるべし。……

これは新島が二度目のアメリカ訪問のさい、母校フィリップス・アカデミーの校長と雑談しているとき、校長が、「我輩は生涯先師たらず……」ということばを口にしたので、新島も深い共感をおぼえ、先生と呼ばれるのはいたし方ないとしても、無知の後弟であるという自覚をもって生きたいと蔵原あてに所感をのべたのである。

新島の弟子たちは、それぞれの時期にそれぞれの場所で、恩師の思い出を語っている。新島がけっして「おれのあとについて来い」というタイプの人でなかったこと、先師としての威厳を保とうとするタイプの教育者でなかったことは、それらの思い出を通して、はっきりうかがうことができる。

熊本バンドの一人で、のちに新島のあとをついで同志社社長となった小崎弘道は、自分たち生徒が、新島校長の担当する聖書の授業に先だって、図書室で注釈書を調べ、教室で新島校長を「窮地におとしいれて快とした」ことを白状し、しかし「最も感ずべきことは、斯《か》かる不遜の生徒を終迄《まで》忍耐せられた校長の態度である」と語っている。(1)

同じく熊本バンドにぞくし、のちに早稲田大学政治学の教授となった浮田和民も、

「自分たちは先生をいじめたけれども、然《しか》し先生の誠意親切は我々も深く感じたわけで、此点先生の人格については勿論《もちろん》深く信頼を有《も》っていた……」(2)とのべている。

熊本バンドの連中は、秩序ある洋学校で学んできただけに、同志社英学校の無秩序、設備の不十分に驚き、さらに既存の生徒の学問的レベルの低さ、怪しげな日本語でしゃべる宣教師の講義に腹を立て、一度は総退学を決意した。たまたま恩師ジェーンズが京都にやってきたので、不平分子はデビス宅でジェーンズと会見し、不満をぶちまけた。ジェーンズは、おまえたちは、自ら同志社の創立者をもって任じ、学科目はどうする、寄宿舎の取り締まりはどうするということでよく相談した上、草案を作成して校長に建議せよ、というアドバイスをした。それで生徒たちは、集まって議論をし、建白書をしたため、これに改革案をそえて新島校長に提出した。すると「彼は意外にも快く之《これ》を採用し、忽《たちま》ち学校の改革を行うこととなった」。不平分子の一人小崎弘道は「七十年の回顧」(3)の中でそのように語っている。同志社八代目の総長となった海老《えび》名《な》弾正《だんじょう》の思い出(4)は、小崎のそれとはところどころちがっており、塾則の草案にかんして、新島校長は「わずかに一、二の訂正をして全部承認された」、「普通学則は我々の私案であります。校長幸に御採用あって、校長の名を以《もっ》て発布ありたしと言った。校長は全部採用し、同志社学則普通学科課程と定められた。神学科課目は我々多少希望を陳《の》べたまでにて、校長教授会に一任した。……」となっている。

新島は、校長としての権威をもって生徒にのぞんだのではなく、生徒を信頼し、生徒にまかせるという態度をとったようである。そこから生徒の自治が生まれ育ったということなのだろうが、一方、生徒の中には、校長をたよりない、おとなしすぎると感じた者も、もちろんあったにちがいない。

創立当初の同志社仮規則は、翌一八七六年八月、若干修正をほどこされ、新たに同志社規則として公表された。規則の第二条には「生徒中品行正しき者三名を選び執事と為し、校内一切《いっさい》の事務を監せしむ」とうたわれている。事務職員の仕事は、金銭の出し入れをも含めて、生徒に受けもたせていたというのは、初期の同志社の特色である。一八七九(明治十二)年に第一回卒業生が出たのちは、執事という名称をやめて幹事とし、卒業生のうち三名が幹事として教務、庶務、財務の責任をそれぞれ担当し、同時に教師の職務をも兼ねた。

一八七八(明治十一)年六月には、同志社規則にかわって新しく同志社概則がつくられた。これには当然生徒たちの意見が多く取りいれられたものと想像される。従来、飲酒、登楼はもちろん、金銭の貸し借り、喧嘩なども固く禁止され、塾内において煙草《たばこ》をすうことは不許可となっていたが、概則にはさらに「淫楽がましき場所(芝居、浄瑠璃、義太夫、揚弓場等)に立ち入ることを禁止する」という項目が加えられた。これが生徒たちの意志であったとするならば、その厳格さはピューリタンの校長以上であったといわねばならない。

明治新政府は、天皇家に関する祭日をやたらに多く設定し、公立の小学校、中学校では、紀元節、春季皇霊祭、神武天皇祭、秋季皇霊祭、神嘗《かんなめ》祭、天長節、新嘗《にいなめ》祭を休日と定めていた。私立同志社英学校は、当初国家の祭日をすべて無視していたが、概則制定いらい紀元節と天長節とだけは特別扱いにして休日ということにした。ナショナリズムに対してちょっぴり妥協したということであろう。

聖書の講義は、三〇番と呼ばれる木造の建物の中で行なわれた。相国寺の正門と御所の裏門(今出川御門)とをつなぐ道路の西がわに同志社の校舎があり、三〇番は東がわにあった。「校内では聖書を教えない」という一札を入れているので、府庁に対して言いのがれができるよう、校外で聖書を教えている、正課ではない、有志の生徒が勉強しているというかっこうをとっていたのである。見えすいているといえば、そのとおりだったであろう。三〇番とは、家屋の番地が三〇だったことに由来するものである。

『同志社五十年史』には、「同志社教会」の分を柏木義円が受けもち「明治九年十二月三日京都新烏丸頭なる新島襄先生の家を会堂とし、茲《ここ》に始めて京都第二公会が創立された……」としるしている。第一公会は一週間前にラーネッド教師宅（今出川通り南、御苑内）で成立、仮牧師は熊本バンドの市原盛宏、第二公会の仮牧師は新島襄、そして長老は金森通倫、第三公会は、第二に一週間おくれて東竹屋町のドーン教師宅を借りて発足、同志社生徒本間重慶が仮牧師、熊本バンドの海老名弾正が長老であった。同志社の生徒は三つの教会に適当に分散して礼拝を守ったのであって、事実上は三つとも同志社教会であった。新島が生徒に話しかける機会は、月曜から金曜まで毎朝午前八時授業開始に先だって行なわれる朝拝のときの五分ないし一〇分程度の感話、三〇番教室での聖書の時間、金曜日の夕方新島の自宅で行なわれた祈り会、日曜日の朝、第二公会に集まる生徒たちへの説教、午後の聖書研究会、祈り会などであった。

ジェーンズの弟子たちが、ぞくぞく京都にやって来て新たに新島の弟子となったころ、札幌ではウィリアム・S・クラークが政府おかかえの教師として農学校に赴任し、すでに授業を始めていた。彼の強い宗教的感化力は、やがて彼のまわりに札幌バンドを形成することになった。ジェーンズと同様、奴隷解放のために身を挺して戦った陸軍大佐クラークは、彼を招いた北海道開拓長官黒田清隆と激論をかわし、キリスト教を農学校の生徒に教えると主張して一歩も退かず、黒田は根負けをして、なるべく目だたないようにそおっと教えてくれと頼んだ。黒田が根負けをすれば、北海道では、もはやだれ一人邪魔をする者はいなかった。からっとした新天地北海道と、陰湿な千年の古都、仏教徒のエルサレム・京都とは、その点まるでちがっていた。クラークはやりたいことをやって、翌一八七七(明治十)年四月、任期満了で札幌を離れた。

別れを惜しんで、札幌の南島松村まで見送りに来た教え子たちに対して、クラークは"Boys, be ambitious"と言ったあと、馬にひとむち当てて、森の中に姿を消した。彼はそのまま横浜へ直行して、アメリカ行きの船に乗ることをせず、関西へ足をのばした。ジョセフ・ニイシマに会い、ニイシマの建てた学校を見ることだけが唯一の目的ではなかっただろうが、五月の上旬、彼は京都入りをし、相国寺門前町に姿を現わした。

クラークは、アーモスト大学の卒業生であっただけではなく、母校の化学の教授を一五年も勤めた経歴をもっている。新島がアーモストに入学する直前、クラークはアーモストに新設されたマサチューセッツ州立農科大学の学長に就任したため、新島は教室でクラークの講義を聴くことはできなかったはずである。もっとも、クラークは新島を〝私の最初の日本人学生〟(5)と呼んでいるので、教授を辞任したのちも、講師としてアーモスト大学へ教えに来ていたということは考えられないではない。また教室で教えなくとも、自分の母校で学んでいる日本人学生ニイシマに目をつけて、直接話しかけるとか、家庭によぶとか、その他いろいろな関係が生じたことから、ニイシマを自分の教え子のように人に語ることだってありえたであろう。

新島は、田中不二麿と連れだってアメリカの東部各地をまわったとき、アーモストに四泊し、州立農科大学を訪問し、クラーク学長に学内を案内してもらったこともある(一八七二年四月二十四日)。京都へ来て五年ぶりに新島に出あったクラークは"My boy"と呼びかけて同志社の生徒を驚かせた。(6) ヒゲをはやした校長先生を子ども扱いしたと同志社の生徒は思ったかもしれないが、そのとき新島は三四歳、クラークは五〇歳、自分が教授をやめたあとにアーモストに入学したニイシマを、クラークが"My boy"と呼んだとしても、別におかしくはないであろう。クラークは「新島はアーモスト在学時代には非常にまじめな青年であったが、今でもまじめであるか」などとデビスに聞いたりしていたという。新島校長に案内されて、校内を巡覧しながら、クラークは一つ一つの建物に、少し宛《ずつ》の金を寄付して行ったという話も伝わっている。おそらく三〇番教室にも案内され、特殊事情の説明を受けたのち、ここでもなにがしかの寄付をしたのであろう。寄付をするなら、ひとまとめにして社長新島に手渡すのが普通であるのに、建物一つ一つのために小さな額の寄付をしたというのはわれわれの興味をそそる。木造の粗末な建物であろうとも、一つ一つを大事にするという精神がアメリカ人の習慣となって現われたのであろうか。

同志社を訪問したあと、クラークは大阪、神戸にも何日か滞在した。神戸港を出帆して横浜へ向かうまぎわ、五月十四日に、札幌の教え子佐藤昌介(農学校第一回卒業生、のちの北海道大学総長)あてに一通の手紙を書いているが、その中で京阪神における会衆教会派宣教師の活動についてひとこと触れ、彼らは神戸に女学校を一つ、京都に神学校を一つもっているとのべている。(7) 女学校は神戸女学院のことであり、神学校(theological school)は同志社のことであるが、クラークはさらに、この神学校の生徒の大部分は布教師になることを願っていると語っている。新島や宣教師たちは、相手がアメリカ人のクラークなので、安心してほんとうのことを言ったのであろう。同志社英学校という名称は、外へ向かってのもので、実質は神学校だったのである。

クラークはアメリカへ帰ったのち、札幌の教え子たちと手紙のやりとりをつづけているが、京都の新島とのあいだにも文通はながくつづいている。一八七八(明治十一)年八月六日付けの手紙で、クラークは新島に、つぎのようなことを知らせている。

札幌にいる私の教え子たちは、信仰において着実な歩みをつづけており、きわめて熱心なクリスチャンとして立派にやっていることを、貴君にお知らせできるのはしあわせです。函館のハリス師は最近、新入生七名に対して洗礼をほどこしました。開拓使は妨害などいたしません(The Kaitakushi does not interfere)……。

同じ日本の中で、京都はどうしてこんなに妨害が多いのだろう、と新島は改めて思ったにちがいない。

同じ手紙の中でクラークは「たいへん大きなそして目あたらしい仕事をやってゆく中で、貴君はいくつかの困難(some difficulties)を覚悟せねばならないし、貴君の数多い用務のために、貴君のからだがすりへらないとしたら、それはむしろ不思議なくらいだ」とものべている。クラークはしかし新島の心労を、はたしてどの程度理解していたのであろう。some difficulties という文字を眺めながら、われわれはこうべをかしげざるをえない。

注
（1）『小崎全集』第三巻、一九三八年、警醒社内小崎全集刊行会発行、「七十年の回顧」、三二一ページ。
（2）『新島先生記念集』、一三八ページ。
（3）『小崎全集』第三巻、二九ページ。
（4）『海老名弾正先生』渡瀬常吉著、一九三八年、龍吟社刊、一三四ページ。
（5）「新島研究」第二一号、一三ページ。
（6）『新島先生記念集』、一五五ページ。
（7）「新島研究」第二一号、一三ページ。

六　新島にとっての女子教育

同志社英学校を設立するに当たって、新島が女性の入学志願者を予想していたかどうかは、明らかでない。設立まぎわに作成された仮規則、翌年の同志社規則、さらに二年おいて発表された同志社概則には、女性にも門戸を開放するという項目は見あたらないし、といって男性に限るという規定もない。

小学校を卒業していない者は入学資格がないという項目は、概則にいたって初めて顔を出すが、設立当初は、何人をも拒まず、ただ、学力が低すぎてついていけない者は、ひとりでにやめていく、やめていく者の中には、ことによると女性もいたかもしれない、われわれはその程度のことをぼんやり想像してみるだけである。

デビスが自分の借りている柳原邸内の一室で女子塾を始めたのは、同志社英学校が設立されてから半年ぐらいのちのことであった。生徒の数は、最初二、三名だったのが、年の暮れには一〇名になり、そのうち五名は柳原邸内に寄宿、あとの五名は通学だった。そしてこの女子塾を前身として、翌一八七七（明治十）年四月、同志社女学校は府の認可を受けて正式に発足したのである。

デビスは、神戸に居住しているときからすでに女子教育への熱意を示していた。しかし、彼が日本の男尊女卑に目をみはり、女性の水準をたかめるために女学校の設立に熱意と積極性を示したといえば、それは正確な表現とはいえないだろう。彼は、何よりもまず宣教師であった。あやしげな日本語ではあったが、熱心に福音を説き始めると、多くの人々が彼のまわりに集まってきた。しかしその人々はほとんど男性であって、「彼らの母親や姉妹はあとにのこされたままだった」。「福音は万人のためのものである、男性のためのものであるとともに女性のためのものである」。デビスは、どのような方法で女性に接触していけばいいのか自信がもてず、「日本において女性にたいして働きかける仕事は、女性によってなされねばならない」と感じ、そのことをアメリカン・ボードに伝え、女性の宣教師を派遣するよう依頼した。神戸女学院の前身である小さな女学校は、デビスの求めに応じて派遣された二人のアメリカ人女性によって始められたのである。京都へ移って自宅で女子塾を始めたデビスは、改めて自分たちの女学校のためにも女教師を送ってくれるよう、アメリカン・ボードに要求した。二七歳のミス・アリス・スタークウェザーがやがて日本に現われ、同志社女学校で生徒を教えることになった。「同志社分校女紅場開業願」は、新島襄、山本覚馬二人の名前で府知事あてに提出されたが、ガールズ・スクール開校に一番熱心だったのはデビスであったと考えてまずまちがいない。新島は、賛成の意見はもっていたであろうけれども、キリスト教主義大学を設立することが彼の宿志であり、その宿志がいまだはたされないときに、そして英学校の存立すらも絶えずおびやかされている時期に、新たに女学校のために精魂を傾けるということは、ありえないことであった。

明治時代の前半に設立されたミッション・スクールないしクリスチャン・スクールの数は約七〇、そのうち約五〇が女学校であるということは、デビスと考えを同じうする宣教師が、全国各地にいたこと、同時に中央、地方の官庁が、女子教育をおろそ

1878 年頃の同志社女学校生徒.

かにしていた事実を物語っている。

　同志社分校女紅場という名称は、まもなく同志社女学校に改められ、生徒数もすこしずつふえ、広い敷地を新たに捜し求めることになった。現在同志社女子中高、女子大学のある場所に、五〇〇〇坪足らずの土地を購入することができ、そこに校舎をたてて柳原邸から移転したのは一八七八（明治十一）年七月である。生徒募集のための印刷物「同志社女学校広告」[1]がその機会に作成されたが、女性が対象だけにルビがほどこされていて、広告文の表面には、キリスト教主義は、伏せられたままになっている。

「米国《あめりか》の女教師《おんなぎょうし》アレス《（ママ）》ストックウェ

ーザルを招《まね》いて、少女子《おとめご》の心得となるべき事、必用の学など教訓《きょうくん》せしめ、又内国《またないこく》の教《きょう》師《し》を頼《たの》みて日本の学《がく》、裁縫《たちぬい》の技《わざ》など……」としるされ、科目としては「日本学」「習字《てならい》」が最初のほうにあげられ、「英学」はまん中へん、「修身学」はいちばんさいごになっている。当時の同志社は、この程度に気をつかわねばならなかったのであるが、女学校のための土地購入にさいしても、同志社に直接関係のない人の名義を借用して手つづきをすませ、耶蘇ぎらいの人々を刺激しないよう心がけたのである。

同志社女学校の古い卒業生杉田いその語るところ(2)によれば、彼女は、数え年一一歳のときに入学し、始めは柳原邸、あとは御苑北の新校舎で学んだ。最年少の生徒で、修身の受け持ちは新島先生で、「先生は純日本式にて婦人は静かにしとやかであれ。けっして出すぎてはならぬと教えて下さいました」と語っている。

既婚の女性、子どものあるおばさんたちといっしょに勉強したようであるが、

一八八三(明治十六)年に公表された「同志社女学校規則」の中には、「生徒をして謙遜、慈愛、忠貞、自治の良質を培養せしめ(3)」ということばがあり、新島が女性にかんして抱いていた理想像は案外保守的であったのかというふうにもとれる。

新島は、女子教育について多くを語っていない。女子教育の重要性についてのべた文章も、ほとんど残していない。ただ彼自身の体験としては、女学校を設立して経営

の責任者となり、教室で修身を教えたことのほかに、もう一つ、英学校内の男女共学をどうさばいたかという問題があり、この点にわれわれは目を向ける必要がある。

京都府庁学務課員は一八七九(明治十二)年五月以後、月一回、同志社英学校ならびに同志社女学校を視察し、そのあと報告書を作成しているが、彼は英学校の教室を見てまわったとき、意外にも男生徒にまじって女生徒がいっしょに勉強している光景を見たのである。(4)

次の教場に至れば女子二名あり、将《ま》さに算術を講習せんとす、幹事曰く、此を女学校生徒三年生とす、数学一課のみ来って此校に学ぶなりと。(一八七九年五月二十八日)

此場に在るもの七名、内二名は女子なり、曰く、第五級生とす、現今在校生徒中の高足なりと。(一八七九年九月二十九日)

つまり、五月二十八日には、隣の女学校の三年生の者二名が算術の時間だけ聴講に来ていたということ、九月二十九日は五年生の女生徒二名が講義を聞いていたということである(報告書によれば、これは性理学の時間)。

このほかに、女学校教師スタークウェザーが女生徒一同をひきいて、男生徒の演舌〈説〉の時間に傍聴に来ていた、という報告(一八七九年十二月十二日)もある。初期の同志社の男女共学は、一〇〇パーセントのものでなく、女学校のほうから男のほうへ聴講ないし傍聴に来るということにすぎなかったのかもしれないが、それにしても当時の国民一般から見れば、びっくり仰天するようなできごとであったにちがいない。

熊本洋学校では、徳富初子とその従妹伊勢みや子の二人は、向学心に燃え、ジェーンズの許可を得て授業に参加した。ただし教室にはいることは許されず、座席のない廊下で講義を聞いていた。「冬の最中、お濠から吹き上げる寒風で、手足も凍《こご》うる中を、二人は決してあとへ引かなかった(5)」と、徳富初子の姪久布白落実は、彼女の著書の中で語っている。新しい知識、新しい宗教を求める若い女性のはげしい志、男に負けるものかという意地っぱりは驚嘆に値するが、男の生徒は、女のくせに、と思ったのであろう、代表がジェーンズ先生に文句をいった。そのときジェーンズは「君たちの母親は男か女か」とききながら、女を軽蔑することの誤りを説いてきかせたというエピソードも残っている。しかし今日の目で見れば、女性を教室へ入れなかったジェーンズは何というひどい差別をしたものだということにもなろう。

二人は、男まさりではあったけれども、女であるために花岡山の結盟には加えてもらえなかった。徳富初子は、二人の弟、猪一郎（蘇峰）、健次郎（蘆花《ろか》）とともに一八七六（明治九）年の秋いらい京都で生活することになり、三人とも同志社で学んだ。弟たちの食事の世話、身のまわり品の洗たくをしてやりながら、初子は負けじ魂を発揮して勉強をつづけた。伊勢みや子は、兄時雄について東京へ出て行き、築地のミッション・スクール海岸女学校に通った。兄と二人の仲間が開成学校（東京大学の前身）を中退して京都の同志社へ行くと言い出したので、みや子もおつき合いをした。社長新島にお目見えをし、一年ぶりで徳富初子にも出あった。みや子は、思い出をつぎのように語っている。

　私は熊本において、十二、三歳のころ従姉徳富初子さんと二人で洋学校に通って男生徒と一所（ママ）に学んでおりましたので英語だけ大分進んでおりました。それで新島先生もいろいろお考えになった上、男学校（ママ）と一緒に学ばせるがよかろうということになりました。幸いに山本覚馬氏の令嬢も相当の学力がありましたので、此の二人を先生の六畳の二階に寄宿させて、毎日同志社に通うことになりました。(6)

男学校、は男学生、のミスプリントかもわからないし、男学校とは、での誤りかもしれない。それはともかくとして、熊本バンドの一人である下村孝太郎の姉と妹も同じ時期に同志社で男性といっしょに学んでいたことは確かで、そのほかにも同類が何名かいたもようで、新島襄の同志社では男女共学が堂々と行なわれていたことはまちがいない。男性のほうがひけ目を感じることも、ときにはあったのであろう。

男と女とは引き離して教育すべきもの、塀の向こうに狼がたくさんいる所で、羊の安全は保てないという観念が普通一般に行なわれていた時期に、新島が女学校の敷地を男子の学校のそばに求め、女学校の教育水準ではもの足りないと感じている女生徒に対しては、共学の機会を与えたという事実は、十分記憶に値する。

大正デモクラシーの時期に、同志社総長海老名弾正は男女共学を実施した。海老名は、熊本洋学校の生徒であったころ、ジェーンズに女の生徒の聴講の件で文句を言って一喝された人物であり、同志社英学校では女性と机をならべて勉強し、そしてその中の一人、伊勢みや子を妻とした人物であった。

戦前、京都の府立、市立の女学校の先生たちは「同志社女学校の生徒は開放的で明るい、自分たちの学校の生徒とはちがう」と語っていた。封建制を身につけていないアメリカ人女教師の感化というものがおそらく働いただろうし、女学校の塀の向こうがわにいる異性の大群が、微妙な作用を女生徒の上におよぼしたということがあったかもわからないし、女だからといって押えつけないで、伸ばしうるものは伸ばそうとした新島の教育方針が、彼の死後も生きつづけていたのかもわからない。

注

(1)「史料彙報」第一集、同志社社史史料編集所刊、七四ページ。
(2)『新島先生記念集』同志社校友会刊、二七四ページ。
(3)『同志社九十年小史』同志社刊、二四八ページ。
(4)「史料彙報」第二集、一九ページ、二二ページ、二六ページ。
(5)『湯浅初子』久布白落実著、一九三七年、東京市民教会出版部刊、四五ページ。初子は、新島襄の弟子であり、群馬県会議長をつとめた湯浅治郎の妻となった。
(6)同志社創立六〇周年記念誌『我等ノ同志社』に海老名みや子は、同志社初期の男女共学について語っている。

第四章　東に奔《はし》り西に走る

一　自責の杖

同志社英学校第一回卒業生として送り出された一五名は、いずれも熊本洋学校でジエーンズの教えを受けた若者であった。

一八七九(明治十二)年六月十二日に行なわれた卒業式にさいして、新島校長は、日本語で励ましのことばを贈ったあと、さいごに英語で"Go, go, go in peace! Be strong! The Mysterious Hand will guide you."(1)(行け、行け、平和のうちに行け！　強くあれ！　不思議なる御手《み》は諸君を導き給うであろう)とのべてしめくくった。"The Mysterious Hand will guide you."それは新島の体験から出てきた実感にあふれたことばであった。過去において新島は、難関を切り抜けたあと、危機をのりこえたあと、〝不思議なる御手の導き〟があったことを何度も感じてきたが、今、巣だっていく若い教え子の前途を神の御手にゆだねたのである。

卒業生一五名は、普通科(正科)ではなく一段上の余科(神学科)の学生だったので、ほとんど全員が伝道旅行、伝道説教の経験をもっていた。彼らは、新島から旅費を支給され、新島の指定する地方へ出かけていって福音を宣べ伝えたのである。そういう事情があったため、地方の信徒、求道者と彼ら神学生とのあいだになじみができてしまって、卒業と同時に伝道師としてその地方へ赴任する者も出た。一五名中、六名は伝道師、八名は学校の教師、一名だけは東京に出て勉強することになったが、教師に就任した者も、それぞれ仮牧師あるいは長老となって教会のために働いた。山崎為徳《ためのり》、森田久万人《くまんど》、市原盛宏の三人は、母校に残り、教室で教えるかたわら、事務を担当することになった。『山崎為徳伝』(2)の筆者千田万三は、同志社とは何の関係もない人物であるが、そのときのいきさつをつぎのようにしるしている。

卒業式がすんだのち、新島校長は卒業生に向かって〝諸君の内から人選して、校長の片腕となる者を学校に残してほしい。一つは教育方面、他は実務の方面〟と、いうのに対して、卒業生一同は、学校に残る人物を互選した結果、山崎、森田、市原の三名が選ばれた。山崎は同志社教授兼幹事というので、教育と実務を兼務することとなった。

当然、校長が選定、任命してしかるべきところを、新島は、卒業生たちを信頼してまかせきったのである。一五名は、母校同志社と校長新島に対して責任を感じながら三名を選び、選ばれた三名は、自分たちを選出した学友に対して責任を感じながら働いてくれることを、新島は確信していたにちがいない。教授兼幹事の月給は一五円、これは、若い独身者が辛うじて生活しうる金額であった。

東京へ出て、新肴町教会の伝道師となった小崎弘道は、毎月教会からもらう給料は四円か五円だったので、翻訳をしたり英語を教えたりしてかせいだと自叙伝の中でのべている。デビス、ラーネッド、ゴードンなど宣教師の教師は一律一〇〇円、女学校のミス・スタークウェザー、ミス・パーメリーは五〇円、ただしこれは同志社が府庁に対して届け出た金額であって、彼らの実収入はもっと多かったのであろうと想像される。ジェーンズは熊本洋学校で四〇〇円の月給をもらっていた。新島社長の給料は、表面の額は年八〇〇円（月六六円）ということになっているが、新島の実収入がどの程度のものであったかは、ちょっとやそっと調べたのではわからない。新島は、アメリカン・ボードから伝道旅行のために要する交通費、宿泊費を出してもらい、その金額を神学生たちに分配しているということがあり、アメリカン・ボード以外にハーディーから生活費を送ってきているなど、金の出入りは複雑である。

山崎、森田、市原の三人が、幹事という称号を与えられ、毎日学校に勤務するようになってからは、新島として安心感もできたのであろう、京都を離れて伝道旅行に出かける回数が目だって多くなった。

翌一八八〇(明治十三)年二月七日、京都を出発した新島は、倉敷、岡山、高梁《たかはし》、笠岡などをまわって伝道をつづけたあと、さらに愛媛県にわたり、今治《いまばり》、松山を訪問して四月の始めにようやく京都へ帰ってきた。同志社の春休みは三月二十八日からであり、それまでの約五〇日間、学校の最高責任者が校務と授業とを若い幹事とアメリカ人宣教師にまかせて、伝道に献身していたことになる。新島の伝道旅行は、いつの場合も同志社生徒募集の意味を含んでおり、地方の少年、青年ないし父兄が新島の話をきいて感激し、同志社に来て学ぶ、あるいは自分の子弟を同志社に送るということがあったので、伝道旅行も学校教育と無関係ではなかったが、校長の留守中に学校にもめごとが起こり、生徒たちがストライキを始めるということになれば、校長の責任は問われることなしにはすまない。有名な〝自責事件〟は、新島が毎日学校に顔を出しておれば、起こらなかった事件であるということもできる。生徒たちの不満がたかまって、ついにストライキにまで発展し、新島校長が右手にもった杖で左手を打ちつづけ、自らを罰することによってようやくおさまったあの事件には、近因もあれば遠因もあった。

遠因は、一八七八(明治十一)年九月に英学校にはいってきた新入生の数が少なすぎたため、翌年一月、生徒の再募集をしたということにあった。正規の新入生と、あとからはいってきた者とでは教科書の進みぐあいがちがうので、教室を別にして一年上級、一年下級と二つのクラスが設けられた。そのままでずっといけば問題は起こらなかったのであるが、小人数のクラスを二つ設けておくのは不経済だから一クラスにまとめよう、学力もたいしてちがわないのだからという意見が幹事のあいだで一致し、校長の留守中に正式決定をして、生徒たちに通告した。かつての一年上級生は、今は二年上級生になっていたが、この一方的決定が頭にきたらしく、無届けの集団欠席を行なった。したがって近因は、三人の若い教師(幹事)の判断の誤り? と校長不在という事実のうちにひそんでいたと言わねばならない。

無届け集団欠席を行なった二年上級生の中には、徳富健次郎(蘆花)のように数え年十三歳、まったくの子どもも加わっていたが、上級の者のがわからすれば、一学期おくれて入学した下級の連中と自分たちをいっしょにするというやり方は、確かに愉快ではなかったであろう。しかしそうかといってそれほど深刻な問題でもなかったと思われるが、健次郎の兄猪一郎を始め五年生数名が、不平組をけしかけたということがあって、火は燃え始めた。けしかけた連中は、日ごろから学校の方針に対してむしゃくしゃしていたので、二年上級の不満がたかまったとき、やれやれと扇動したのであるから、これまたストの近因の一つにかぞえなければならない。

新島校長の自責事件は、一八八〇(明治十三)年四月十三日、第一寮の中の講堂で行なわれた。四月に入学したばかりで、事情がまだのみこめず、白紙の状態でその場にいあわせた一人の生徒(のちに同志社第七代社長となった原田助《たすく》)は、目撃した事実と小さな感想を、日記(3)の中でつぎのようにしるしている。

四月十三日

朝礼《チャペル》にて新島先生の講話あり、曰《いわ》く、二年生徒上級の者、下級と合級の事よりして不平を鳴らし二、三日欠席をなしたり。但し其欠席したる罪たるや決して二年生にあらずして我等の手ぬけにあり、亦《また》決して幹事に其罪あるにあらず我にあり。然《しか》るに生徒等多く不平を鳴らして欠席をなす、何故(教員の不平)罰せざると言わん、亦曰く、罰せずんば学校の規則は無益のものと言わん、依《よっ》て我自ら我を罰す云々と両眼に涙を浮べて演説し、終って杖を以て自ら手を撃ち為に杖折れて

八、九本となる。上原君之を止《とど》む、漸《ようや》くにして止む、先生曰く、我今我を罰す、願わくは諸君も規則を守られよと、実に先生の学校を愛し、眞に学校の盛大を望むの心ある、感服々々、実に我々尚一層勉励を加えて真に先生の心に報ぜざるを得んや。

当日、生徒たちの目の前で、ドラマチックな行為を演じるに先だって、新島はいろいろと手をつくしたのである。岡山、愛媛の旅行から帰ってきた新島は、容易ならぬ事態を知ってただちに不平組を呼び集めて、こんこんと説得につとめた。不平組はそれでだいたいおさまったのであるが、明日からおとなしく授業に出るかどうかを決める会議に、五年生の扇動組も参加し、結果的には改めて新島社長あてに嘆願書を提出することが申し合わされた。

明治十三年四月八日付けで提出された嘆願書の原物は、今日同志社に保存されているが、中味は、下級の者を優遇して卒業の時期を早めてやろうというのなら、自分たち上級の者にも特典を与え、予定より早く三年生にしてくれというものである。クラスの合併反対を主張してはいないが、事実上は合併に反対していることになる。嘆願書に署名している者は九名で、その中には新島社長の義理の甥新島公義《きみよし》、新島の旧友津田仙の長男であり、ワシントンで出あった津田梅子の兄に当たる元親《もとちか》、新島が日ごろから目をかけている徳富猪一郎の弟健次郎も名を連ねていた。嘆願書に目を通したときの新島は、さぞかしうっとうしい気持ちだったであろう。

ストライキを強行した生徒たちを、処罰もしないで、ほっておくのかという非難の声が学内にあがっていることは、新島もよく知っていた。この声を黙殺することはできない。一方、判断力の未熟な二年生を、上級生が背後からたきつけてストライキをやらせたとすれば、処罰の実施はなかなか困難である。その前に、二年の上級と下級とを合併することを決めた三人の幹事の軽はずみも不問に付することはできないが、同時に、そういう決定を下した会議に校長自身が不在であったことが問題になるだろう。新島は、悩みながら、なんとか解決の道を見いだそうとして、十二日には手紙を徳富猪一郎あてに送り、今晩、二年上級の者と話をしたいので拙宅へ来るよう伝えてくれ、そしてそれ以前に貴君と会いたいので、単独で来てくれるようにと頼んでいる。新島は、猪一郎が騒ぎの中で重要な役割を果たしていること、有力な扇動者であることを知っていたので、うまく話をつけようとしたらしく思われる。そして事実、新島のその夜の説得は成功したらしいのだが、学校の秩序をみだした生徒たちを処罰するのかしないのか、とせまってくる強硬派に対しては、いったいどういう手を打てばい

新島の自責の杖を囲んで２年生上級組が記念撮影.

いのか。新島としては、翌十三日朝のドラマチックな場面がどうしても必要だったのである。

教育の世界では、学校当局に手ぬかりがあり、まずさがあっても、それはそれとしておいて、学生生徒を処罰することによって学校の秩序を守るというのがならわしになっている。それだけに新島の自責は稀有の事件であり、杖が三つに折れた、見るに見かねて強硬派の生徒がとめにはいったということもあって、話は伝説化したのであるが、新島校長が京都を離れることが多すぎたという状況は、新島の大磯客死にいたるまで一〇年間つづくので、これはつぎの節で改めて取りあげることにする。

自責の杖にかんして言い残したことを一、二付け加えておくならば、その日の目撃者は、杖は折れて二つとなった、三つとなった、八つ九つとなったとそれぞれちがった証言をしている。(4)同志社に保存されているチサの枝の破片三本をつぎあわしてみても、完全な一本にはならないので、もとの杖はすくなくとも四つ以上にちぎれ、ちぎれた断片のいくつかが紛失したと解するほかはない。破片三本は、朝拝がおわったあと、生徒の一人堀貞一がもう一度講堂の中へはいっていって床の上に散らばっているのをもって帰って、ながく自分で大事に保存していたものである。チサの木は、新島の自宅の庭にはえていて、当日の朝、新島はその枝を一本ちぎって朝拝にのぞんだのである。事件の翌日、八重子夫人が何気なく新島の左手にさわったとき、新島が「痛いッ！」とさけんだという話も、夫人の思い出として語られたことがある。自責事件の現場にいあわせた宣教師ラーネッドは、しぶい顔をして見ていたらしく、だれも彼もが感激したわけではなかったようである。

注

（1）新島が、will guide you と言ったのか、guides you と言ったのか、Hand の冠詞はどうだったのか、確かめるすべはない。

（2）日本基督教団水沢教会記念史編纂委員会編、一九五五年、一四ページ。

（3）『原田助遺集』原田健編、一九七一年刊、二ページ。
（4）二つは安部磯雄（『新島先生記念集』、一六七ページ）、三つは徳富猪一郎（『蘇峰自伝』、一一八ページ）。

二　マジメ人間の道楽

新島は、道楽をもたないマジメ人間であった。酒、煙草をたしなまず、遊女と交わらず、人妻によろめかず、芝居小屋、寄席に近づかず、トランプ、碁、将棋に興じることもなかった。邦楽も洋楽もひとしく苦手で、新島が讃美歌をうたっているのを聞いていると、お経みたいで、歌にはなっていなかったと八重子夫人は語っている。小説を楽しむでもなく、釣糸をたれることもまれで、まことに清教徒主義者にふさわしい淫楽否定の生活ぶりだったといわねばならない。

新島には子どもがなく、犬や猫も飼っていなかった。信仰に生きながら、教育に献身する者のよろこび、生きがいはあったにせよ、すこしさびしすぎはしなかったか、生活のうるおいがなさすぎはしなかったかという疑問が当然起こってくる。新島にもし道楽があったとすれば、それは何であろうかという問いに対して、食い道楽という答えがどこからか出てきそうである。新島は美食家ではなかったが、確かに食い気はさかんであったし、地方へ出かけていって土地の名物を口にするのが好きであった。絵をかくのも、鳥けものを射つのも好きであった。しかしマジメ人間新島の最大の道楽は、おそらく旅行ではなかっただろうか。

旅行ということばによって、新島のあのひんぱんな伝道旅行を思い浮かべる人々は、道楽とは何事かと抗議するかもしれない。さいごの一、二年は、同志社大学設立の資金集めのために病身にむち打って東奔西走したのであるから、新島がいつも道楽で旅をしていたように思うのは、とんでもないことである。しかし、ふた月み月と旅行がつづくとき、説教、講演会とスケジュールが毎晩つまっていたわけではなく、見学もあり、観光もあり、山野を歩きまわることもあった。弟子たちが牧師に就任するとき、新島は就任式に立ちあうために、安中へ、今治へ、東京へ、岡山へと、どこへでも出かけていったが、東海道線、山陽線の開通していない時期なので、交通手段は大部分船であった。関東方面へ出かけるときは、京都から神戸までは汽車、神戸で船に乗って船中で二泊、横浜から東京までは汽車という順序であった。船に弱い人、旅行ぎらいの者なら、おっくうでとても出かける気にはなれなかったであろう。

新島は、神戸、大阪と横浜とのあいだを、二〇回以上船でいったり来たりしている。八重子夫人の語るところによれば、船はいつも二等ではなくて三等であった。これは二等の切符を買うだけの金がなかったということではなく、主人の新島が節約していたことを、夫人として語りたかったのであろう。貧乏な同志社の学生生徒から、新島校長はアメリカから仕送りをしてもらって、ぜいたくな暮らしをしていると思われるのはいやだったにちがいない。三等の船室、特に食事は、新島にとってかなり苦痛であったと思われる。船に乗ってしまえばいっさいの用件から解放され、甲板の上から海の色、山の色を楽しみ、心のやすらぎを得るということがあったのだろう。

ピューリタニズムは、一般的に人間の視野をせまくし、かたよったものにするということが言えるだろう。新島はしかし、絶えず旅行することによって、未知の世界の中に踏み入り、異なった風俗に接触し、さまざまな階層の人々と語り合うことによって経験を豊富にし、気分の転換を行なっていたものと思える。義務の観念から、あるいは使命感から出かけていく旅行も、もちろん数限りなくあったが、一方で新島は、旅そのものを楽しみ、旅を通して休養を得、気分の転換をはかり、視界をひろくしていたのである。そこなわれかかっていた新島の人間性は、旅行を通してかろうじて救われていたとみなしていいのだろう。アメリカ滞在中も、新島は夏休み冬休みの時期に、ふところが貧しいにもかかわらず、ニュー・イングランドの各地を旅行しつづけていたことが思い出される。謹厳な三六五日の生活の中で、旅行による解放感は必要だったにちがいない。

同志社の社長であり校長である新島が、休みでもないのに学校を留守にして、あちらこちらへ伝道旅行をしていたことは、今日のわれわれにはいくらか奇妙な感じを与える。しかし初期の同志社では、学内の教育活動も学外の伝道活動も、日本のキリスト教化という大目的の前には一つだという観念が支配的であった。新島校長が外へ出すぎるという不満の声が、生徒たちのあいだから出るということも、ほとんどなかったようである。新島自身、教育が主で伝道は従という考えに立って行動していたとは思えない。

しかし今日のわれわれには、新島は、キリスト教主義大学設立の志を抱いて日本へ帰って来たという強烈なイメージがあり、しかもそのキリスト教主義大学なるものは、聖職者養成の機関ではなく、キリスト教を徳育の基本としながら高い水準の知識をさずける大学だったのだから、新島が学外の伝道に時間とエネルギーとをさきすぎたという見方を、おいそれと捨てることはできない。

このような見方に対して、新島は、アメリカン・ボードから派遣された宣教師であり、ボードから月給をもらっていたのだから、ボード本来の使命である伝道に献身するのはあたりまえだという声が出てくる。同志社の授業料収入はあまりにも低額であり、校長の生活を支えることなど思いもよらないという事情があるかぎり、新島としてはボードからの仕送りを拒絶することができず、仕送りをうけているかぎりは伝道に励まざるをえなかったというのであれば、われわれは、新島の志の原点にもどって考えざるをえず、もう一度、沢山保羅と新島襄との対比につき当たるのである。

沢山保羅は、長州の士族の出であり、洋行帰りということもあって、出世の手づるはいくらでもあった。にもかかわらず彼は清貧に甘んじつつ主のご用に励み、教会の自給独立を主張するだけではなく実行し、同志とともにささやかなキリスト教主義女学校を設立して世の中にのこしていった。新島は、自国政府の奴隷になることをいさぎよしとしなかったが、外国の伝道協会と理解ある個人からの経済的援助を受け、後進国日本の教化教育のために奮闘した。そのためにこうむる制約は不可避であり、新島は、二兎を追うに近い無理をつづけることにもなった。外国からの浄財によって、同志社の赤れんがの校舎はつぎつぎと建ち、沢山にくらべてより広い感化、より大きな事業を新島はのこしていったが、ゆがみはゆがみとして認めねばなるまい。

同志社創立いらい、いくたの重苦しい事件にぶつかり、心労を重ねてきたデビスは、五年目についに神経系統をそこねてしまった。それで気分の転換を求めて中国へ旅だったが、ひと月そこそこ学校の仕事から解放されたくらいでは、からだの調子はなかなか正常にもどらなかった。それでデビスは、ボードから賜暇をもらって母国へ帰り、ゆっくり静養する決心をして、一八八一(明治十四)年一月、家族一同を引きつれて神戸から船に乗った。デビスの留守は、一年と一〇か月つづいたが、そのあいだ新島は、デビス同様からだをいたわるべきであったにもかかわらず、相も変わらず動きまわっていたので、健康は憂慮すべき状態におちいった。周囲の人々は中国行きを勧めた。日本中どこにいても、訪問客が多すぎ、説教をしてくれ、講演をしてくれという声がかかりすぎるからである。ハーディーも勧めた人の一人であったらしく、新島は、つぎのような手紙(1)をハーディーあてに送っている。

中国へ行くことは、おそらく日本人の兄弟たちのあいだに、ねたみの感情をひき起こすことになるでしょう。彼らは主のために、いっさいの地上の楽しみを断念し、金銭的に苦しい生活をしています。キリストにおいて結ばれた親愛なる兄弟たちをつまずかせる石に、私は断じてなりたくありません。といって、私はこれ以上ながくやっていけないと感じており、仕事も中断せざるをえないでしょう。私の頭の働きは、読んだり書いたりすることを私に許してくれません。にもかかわらず、目の前には、いつも何か用事が横たわっています。それで私は、クリスチャンの友人に顔をあわせないですむ北国へ旅行をする決心をしました。……

新島入浴図(湯浅吉郎画). 1882年7月, 新島は徳富猪一郎, 湯浅らと中仙道を通り安中まで旅をした.

北国とは東北地方のことである。一八八二(明治十五)年六月末、第四回目の卒業式をすませ夏休みにはいると、新島は、大津から米原まで汽船に乗り、そのあとてくてく歩き、ときには人力車、馬車に乗り、馬の背にまたがり、進路を東へ北へ東へととり、九日かかって安中に着いた。八重子夫人は横浜経由で、安中へは一足先に到着し、新島を待っていた。会津若松では五泊した。言うまでもなくここは、山本覚馬や八重子夫人の生まれ故郷である。若松からは愛弟子の横井時雄と二人で、牛の背に乗って山形県の高湯温泉へ、そして十八日間ここで自炊生活をする。ハーディーから、「おいたちの記」を書くようにかねがね勧められていたので、知人もキリスト教徒もいない静かな場所で筆をとろうとしたらしいが、若松いらい精神不安定、神経異常で思うにまかせず、おいたちの記“My Younger Days”の仕上がりはずっと先にのびた。

中部地方、北関東を横断して、東北の山形にまで足を踏み入れたこの大旅行が、伝道を目的としたものでなかったことは明白である。安中では説教や講演を依頼されたが、新島はこの旅行を通して健康をとりもどそうとし、心の休息をも求めたにちがいない。いつも留守番ばかりさせている八重子夫人をともなって、夫人のふるさとを訪ねるという心づかいを示したのはいいとして、そのあと夫人を帰洛させ、キリスト教とは無縁のわびしい温泉宿に弟子とこもったのは、自炊を楽しむためであったのか、それとも病気を徹底的になおすためだったのか。京都へ帰ったのは九月十五日で、夏休みの始めから終わりまで旅行をしていたことになるが、この一八八二(明治十五)年は正月早々、吉野の山奥へはいりこんでおり、四月には播州平野、生野銀山、丹後、丹波をまわっての見学旅行、十一月には岡山への伝道旅行、そのほか、大阪、神戸、大津、長浜への一泊二泊の旅行と数えきれないくらいである。この中で、注目に値するのは、新島が自由民権派、自由党への共感、精神的支持を、ことば、文章によってではなく行動によって示したことである。自由党総理板垣退助が岐阜で刺客におそわれ、高知を始め各地からかけつけた自由党の闘士に守られながら、船で大津に着いたとき、新島はわざわざ湖岸に出迎えて、板垣を見舞ったのはその一例である。

注

（1）"Life and Letters of Joseph Hardy Neesima" p. 243.

三　自由民権派との接触

明治十年代の自由民権論者とキリスト教徒との相互の共感、接近、両者の社会的基盤の共通性については、今まで時たま論じられてきた。山路《やまじ》愛山《あいざん》は『現代日本教会史論』の中で、相互に接近しやすかった理由、ときには同一視された理由についてのべ、「耶蘇教会の中には、新島襄の如く自由の空気を呼吸し、心より民政の信者たるものあり。外国宣教師の多くもまた、民政自由の中に育ちたるものなり」と指摘している。

民権派のがわから新島に接触を求めた場合もあり、逆に新島のがわから民権派に近づいていった場合もあり、両者の関係は深いとはいえぬまでも、限られた一時期ではなく、一〇年のながきにわたってつづいたのであるから、この関係を無視することは、とうてい許されない。

ただ、明治の民権派は、権力によって危険視され、弾圧され、妥協的(特に天皇制にかんして)であったにもかかわらず過激派扱いを受けていた。したがって、明治後期、大正、昭和初期の同志社人は、自分たちの新島先生がそのような危険思想家の群れとかかわりあいをもっていたことを喜ばず、事実をおおい隠そうとする傾向を示した。そしてそのような傾向は、戦後も惰性的につづいて今日にいたっているのである。『同志社五十年裏面史』の著者青山霞村《かそん》は、新島が危険な思想家たちとつき合いをし、警察からにらまれていたことを隠そうとしなかったおそらくは唯一の同志社人ではなかったかと思われるが、彼は「当時の学生生活」という項目の中で、つぎのようにのべている。

創立から明治十四、五年頃まで、同志社は常に警察の探偵(今の刑事)につき纏《まと》われておった。これは後には教育、宗教方面に力を専《もっぱ》らにしたが、当時は政客であったクリスチャンの本多庸一氏や、自由党の総理板垣伯幕下の秀才で、これもクリスチャンであった植木枝盛《えもり》氏などが、官辺に異常な人物として知られておった新島を折々訪問することがあったから、新島屋敷と同志社とは常に警察の目が光っておったのである。当時、府の警察部におって、後に実業家となり、京都に日本最初の電車を動かしたり、宇治川水電を起したりした高木文平氏は、新島先生の一挙一動や同志社の事は、手にとる如く警察に知れておった事を語り、時々深夜同志社を偵察しても、あの脆弱な竹垣を生徒の誰一人出入する者がなかったには実に感心したと話したことがある。

筆者の青山は、初期の同志社の寮生がいかに紳士的、品行方正であったかを読者に伝えようとしたのであろうが、それはそれでありがたく拝聴するとして、植木枝盛は自由党内の秀才ではあったが、クリスチャンではなかった。彼は一八七八(明治十一)年九月、高知から大阪へ出てきて愛国社再建のために努力し、同月二十六日午後、京都の同志社に新島を訪ねている(1)。植木は、会衆教会派の宣教師アッキンソンが同年四月高知で伝道説教をしたとき、連日熱心に聴講したということであり、同志社や新島の話は、アッキンソンの口から聞いたのか、それ以前から知っていたのか、ともかくもインタレストを感じて京都まで足をのばしたのである。自由民権論者としての植木の名はひろく知られていたし、大阪でもはなばなしく動いたので、刑事はずっと尾行をつづけていたのであろう。新島としては、これが最初の〝民権派体験〟であった。

一八八〇(明治十三)年六月一日には弘前の東奥義塾塾頭本多庸一が新島を訪ねた。本多は、クリスチャンであったが、同時に民権論者としても名を知られていた。同年十二月には、同志社の第一回卒業生で、神戸英和女学院の教師を勤めていた吉田作弥が高知へ出かけている。政治団体である立志社が学校を設け、その臨時講師として招かれたものと思われるが、新島の弟子が高知へ乗りこんだのはこれが最初であり、植木あるいは吉田を仲だちとして新島と板垣との関係が生じたものと想像される。

翌一八八一(明治十四)年十月には、民撰議院設立建白に当たって板垣退助、中島信行、後藤象二郎らとともに著名人となった土佐出身の古沢滋《しげる》が、大和の山林王土倉庄三郎とともに新島を訪問した。古沢は、大阪日報の社長であったが、土倉の支援を得て、新たに自由党系の新聞創設の準備中であった。土倉は、自分の息子や甥を同志社に入学させているので、新島校長にあいさつをする意味があったのであろう。古沢は、ヨーロッパ留学から帰ってきたあとだったので、日本に大学をもっとつくらなければという話をし、新島は大学設立はかねてからの志であるが、資金調達の望みがうすいむねを語り、それに対して土倉は、五〇〇〇円程度なら寄付金として出す意志のあることを明らかにした。自由民権運動にかんしても、古沢の口からおそらく話は出たにちがいない。

翌一八八二(明治十五)年の一月、新島は大阪の商人森田耕造を連れて大和国吉野の山奥にある土倉の家を訪ねている。自由党副総理中島信行が先客として土倉邸に滞在していたので、新島は中島と会談する機会をもつことができた。土倉は同志社大学法学科設置の資金として五〇〇〇円の寄付を改めて約束した。四月六日、板垣は岐阜で凶漢に刺され、かたわらの人に「嘆きたまうな、板垣は死すとも自由は亡びませぬぞ」(2)と見えをきった。十七日に、負傷した板垣は湖上をわたって大津の岸壁に姿を現わし、迎えに出た新島は、大津から京都まで汽車で同行した。板垣総理遭難の報を耳にして各地からかけつけた自由党員は「甲冑を著《つ》け、長刀を肩にするあり、洋服に銃器を担えるあり、或いは鉄鞭、或いは棍棒、思い思いの得物《えもの》を手にし、なかには鉄鎌を担える者さえあった」(3)ということで、ひどく殺気だっていた。汽車の中でも自由党副総理中島信行、高知から出てきた植木枝盛など多数の同志が板垣を取りかこんでいたのだから、新島は落ちついて見舞いのことばをのべる機会など、なかったものと思わねばならない。三日おいて二十一日に、新島は改めて、大阪の仮の住居で静養中の板垣を訪ね、板垣は新島を相手に、キリスト教のこと、自分が遭難した事情などかなりくわしく語ったもようである。新島は、途中で買い求めた卵を板垣の前で取り出し、牛乳といっしょに攪拌器でまぜ、ミルクセーキまがいのものをつくって勧めたところ、板垣はこれを飲んでことのほか喜んだ、と新島の日記は伝えている。

それまでに新島と板垣とのあいだに、親しい交際があったことを証明する資料は発見されておらず、ことによると大津での対面は、まったくの初対面であったのかもしれない。いずれにしても、政府にとっての危険人物、反逆者に、新島のほうから進んで接近したのは、けっして新島の気まぐれではなく、迫害されている者同士の共感と、自由を愛する者同士の連帯感がそこにはあったに相違ない。ミルクセーキのつくり方は、アメリカ滞在中に学んだものであり、攪拌器は京都の自宅から持参したものであろうが、十七、二十一両日の行動は、同志社社長新島が青年のように思いつめていたことを物語ってはいないだろうか。

新島は、板垣の仮の住居で、自由党の有力者小室信夫にも面接することができた。同じ日、新島は古沢滋を訪ね、同志社大学設立主意書の件で依頼をしている。古沢は、自由党の近畿地方機関紙ともいうべき日本立憲政党新聞を創設し、その主筆の地位にあった。新島は、同志社大学設立の趣旨をひろく理解してもらうために、あるいはまた資金を集めるために、新聞の紙面を極力利用しようとして努力し、結果として多数の有力新聞の協力を得ることができたが、最初の協力要請が危険思想を奉じる政党機関紙に向かってなされたことは興味深い。

板垣や小室や古沢に会ったあと、新島はすぐ京都に引き返さず、大阪の川口から船に乗って明石へ、そして姫路から生野銀山、和田山、豊岡と一〇〇キロ以上の徒歩旅行を試み、豊岡からは船で城ノ崎へ下った。但馬《たじま》から丹後へ、そして宮津では天橋義塾を訪問して、三時間ばかり聴講した。天橋義塾は同志社英学校より五か月前に開業した学校であり、自由党の小室信夫の養子信介が経営しているということで、関心もあったのであろう。丹後から丹波へ、そして四月二十八日に京都へもどったが、この旅行中、新島は伝道説教らしいものを一度も行なっていない。

五月三日、第二公会（同志社教会の前身）の祈り会にのぞんだ新島は、大阪で話し合った板垣退助についての印象を語ったようである。その日の祈り会に出席していた同志社英学校の生徒原田助は、話の要領を日記の中でつぎのようにまとめている。

板垣は〈宗教は大切なるものなり、決して欠くべからず、自分自ら之を修めざるも、近年来最も心を悩ましたるは此一念なりき云々〉新島先生曰く〈流石《さすが》に板垣なり、実に一世の豪傑とこそ称すべし、同氏は必ずや正義を守り真理を慕うの士と信ず、彼の反対党が高言するが如き人物にはあらず、謙遜にして質朴、上に諂《おもね》らず、下に驕《おご》らず、一度大切なる議論及べば、其の論や人をして心服せしむ、又大丈夫と云うべし云々〉。

新島が、板垣の人がらについてだけのべ、その政治思想、自由民権の主張について触れなかったのは、祈り会の感話である以上当然であったが、祈り会以外の場所でも、新島はおそらく板垣をめぐって政治思想を語ることは避けたであろう。キリスト教主義学校の責任者として、日常の言行に注意していても、それでもなお京都府の役人どもは、中央へ送付される公文書に、つぎのような字句を書きとどめていたのである。

「新嶋の如き往々国を売るの不民を藩〈繁〉殖するを、小官等は第一番に嘆息する也」(明治十年二月二十六日、京都府勧業課)、「同志社者《は》教則を仮粧し宗教主義を以て生徒を養成する事は百も承知なれども、従来之を黙許し」(明治十八年、学務課)、「居留地外に外国人之居宅を造る、皆新島の所為なり、嗚呼」(明治十年八月二十日、監察掛)、「耶蘇会社の奴隷」「耶蘇教のあるを知って皇国あるを知らざる也、国賊も亦《また》甚し」「奸物新島裏」「新島が如き不忠不義の売国者」(明治十一年四月二十六日、監察掛)。

明治十年代において、政治を論じる者は、天皇の問題に突き当たらざるをえなかった。フランスのラディカルな民権説、自由論、共和主義に傾斜していた「東洋自由新聞」(一八八一年三月創刊)は、創刊号の社説において天皇に触れていない。避けて通るということはもちろん可能であったし、新島も避けて通った。避けて通りながら、それでもなお不忠不義、国賊のレッテルをはられたのであるから、まっ正面から対決した場合の結果は明らかである。東洋自由新聞社長西園寺公望は、権力のがわから社長を辞任するよう強要され、主上が宸襟を悩ましておられるなどとおどされ、さいごには勅命だということで、ついに新聞社社長を断念させられたのである。それから一〇か月後に大阪で創刊された日本立憲政党新聞の創刊号第一ページ「立憲政党新聞を紹介する文」には〝上　一人を奉じて下も万民〟ということばが六回もくり返し出てくる。〝皇上は聡明天縦〟〝皇上の聖旨〟など、ほめことば、敬語は一五回、そして皇の字の上は必ず一字分がブランクになっている。唯一真神を信じ、民主政体の国で一〇年近く自由の空気を呼吸した新島は、〝上　一人を奉じて下も万民〟というような言いまわしは、絶対できなかったはずである。新島が書きのこした文章の中で、皇の上を一字あけるとか、皇の字が出てくるごとに行をかえたという実例は、どこにも見当たらない。その意味では、過激派の機関紙のほうが、天皇にかんしては新島より妥協的だったといえる。東洋自由新聞が、政府権力の干渉、弾圧のため、わずか三四号でつぶれてしまったという事実を目の前に見て、日本立憲政党新聞は、政府から危険視されることを極力避けようとしたのであろう。天皇と臣民との区別を絶対化し、天皇に最大限の敬意を払い、自らを紹介する文の中で、自由ということばをただの一度も使わなかったのである。

新島は、自由民権運動に共感を寄せながらも、運動の中にはいりこまなかったことを、保身のためということばで説明しようとするならば、それは誤りである。立派な政治、民主的な政治が行なわれるためには、政治家の一人ひとりが、キリスト教の信仰をもっていなければというのが、新島に一貫した強固な信念であって、外遊から帰ってきた板垣退助あての新島の手紙は、まさにそのことを端的に示している。「生は此の罪悪汚穢《おわい》に染《し》みたる人類の心をして、一洗せしめ、我が東洋に新民を隆興せしめんと存じ候。新民は乃《すなわ》ち新心を抱く者なり。人にして此の新心なければ、西洋百般の技芸何の益する所あらん。学術なり、政治なり、総《すべ》て私欲私心の奴隷となり、早晩腐敗に趣くは、史上歴々見るべきなり」とのべているその新心がキリスト教主義であることは、改めて言うまでもない。新島はさらに、閣下の高知に帰らるる、決して風月を楽しむの類にあらざるべし。閣下にして、今高知にあるは、実に此の新心を養うの時ならん。閣下にして、我が東洋改良を以《もっ》て、自任せらるるならば、先ず第一に閣下の御心を新たにするこそ急務たり。何《いず》れの点より御主張遊ばさるるや。閣下には最早や、その新心を得られしや。

……

とせまっている。自由民権論者のあいだでは、一般的に無神論が支配していたが、板垣はその中で宗教に理解を示し、神道や仏教や儒教ではなく、キリスト教にかなりの関心を寄せていたので、新島としても期待をかけ、熱心に働きかけたのである。

板垣の意識は、新島の期待どおりには変化しなかったが、高知で伝道に挺身していた新島の教え子杉浦義一が恩師に手紙を寄せ「板垣氏は依然閑居致し居り候。近来は少々教えに心を傾け、稀《ま》れには聖書を読み居り候様子に御座候」などと知らせたときは、新島の顔にも明るい表情が浮かんだのではあるまいか。

注

（1）「同志社時報」第八号、一九六四年、同志社刊、一一ページ。

（2）『原田助遺集』、二〇ページ。当日原田が読んだ新聞記事に「自由は死にませぬぞ」と書かれていたので、そのまま日記に書きこまれたのではないかと思われる。
(3)『後藤新平』第一巻、一九三七年、後藤新平伯伝記編纂会刊、一二三六ページ。

四 欧米再遊

アメリカ人宣教師が、六月のおわりから九月の始めにかけて比叡山の上で避暑生活をする、一〇年に一度ぐらいは賜暇をもらってアメリカに帰るということは、年がら年中あくせく働くことに慣れている日本人にとって、何か納得のできないところがあった。金持ちをうらやみ、ねたむ貧乏人の気持ちももちろん働いたであろう。アメリカの伝道会社から派遣された形になっている新島が、アメリカ人なみに賜暇をもらって海外旅行をすることは、アメリカ人にとっては常識であり、健康をいちじるしくそこねている新島にとって休養は絶対必要であると思われたが、新島としては、日本人に対する気兼ねが強く、ずいぶんためらったが、一八八四(明治十七)年になってようやく決心をした。夫人同伴、これもアメリカ人の常識であるが、明治の日本人新島夫妻にとっては、思いもよらぬことであった。新島の旅費、滞在費の全額を負担してくれるハーディーに対して、八重子夫人は手紙をさし出し、新島について行って身のまわりの世話をしてやりたいが、年老いた新島の両親のめんどうをみなければならないので、自分は同行できないとことわっている。

四月六日、新島は午後三時神戸教会で説教をし、四時に波止場の小舟に乗ったというのであるから、ずいぶんあわただしい出発だったと言わねばならない。八重子夫人、教え子、宣教師など数名に見送られながら、新島は神戸の港をあとにして西へ向かった。航海中、「玄海灘に在って同志社の生徒諸君に寄す」と題する一句ができあがった。

十年空蓄西遊志　　十年空しくたくわう西遊の志
今日遂為天外身　　今日ついに天外の身となる
巴里芳花倫敦月　　巴里《パリ》の芳花倫敦《ロンドン》の月
夢尋相国寺辺人　　夢はたずぬ相国寺辺の人

香港で下船したのは四月十二日、二〇年前、「支那人已れの国を誇んで中華と称す、然るに其諸港奪わるる所と為り、空しく英人の管轄を受く、嗚呼《ああ》中華の意、何処《いずこ》に在りや」と漢訳聖書の表紙裏に書きつけた新島は、今回は冷静に、中国人の間の貧富の差がはなはだしいこと、豊かな者はクィーンス・ロードに堂々たる構えを張っているが、貧しい者は限りなく貧しいこと、中国人は金もうけのためにだけ朝から晩まであくせく働いているように思えること、政府を信頼していないこと、西方の文明に眼を向けようとしないようだが、しかし中国人はおそかれ早かれ動き出すであろう、速度は非常にゆるやかであっても、とのべているだけである。シンガポール、コロンボでも下船、スエズ運河は通過せず陸路スエズからアレキサンドリアへ、そしてイタリア半島の南端ブリンディシ港に着いたのは五月十七日であった。第一回のヨーロッパ旅行のとき、新島は、イタリアに足を踏み入れる機会をもたなかったので、今回は七週間滞在してあちこちあるきまわった。ローマでは法王との面接をもくろんだが、そのためには定められた形式、つまり法王の前でひざまづくという形式を守らねばならないということを聞かされると、彼は「法王に対して、私のひざはかた過ぎるようです」ということばで反応した。彼はそのことを、同志社の生徒たちにあてたながい手紙の中で報告した。その手紙は九月の新学期までには京都にとどき、朝拝の時間に全生徒に披露された。正科を卒業して余科(神学科)にはいったばかりの安部磯雄は、新島校長の手紙を耳で聞いていて、「ひざがかた過ぎる」(My knees will be too stiff for him.)の部分をおぼえていて、それから五、六年後編纂された『新島先生記念集』にそのことを引き合いに出し、「先生の真面目が躍如として現れている」と語っている。安部は、同じ場所で「新島先生に嫌いのものがあったとすれば、それは貴族主義と官僚主義であった。先生は如何なる人を呼ぶにも何々さんと言うて、何々君とは言わなかった。(中略)或時の如きは「今後自分を先生と呼ばずに、単に新島さんと呼んで下さい」と懇願された……」と書いている。新島は相手がえらい人だからといってひざをかがめたり、平身低頭する者も嫌いであった。彼のさいごの二、三年、同志社大学設立の資金を集めるために、いかがわしい評判の政治家、実業家までも訪問して頭をさげ、そのため潔癖な人からはひどく悪口をいわれた。どんな頭のさげ方をしたのか、今日のわれわれは知る由もないが、内心はずいぶんつらかったのではあるまいか。

ミラノから北へ、そしてサン・ゴタールのトンネルを通過してスイスにはいった新島は、八月六日、見知らぬドイツ人を道連れにしサン・ゴタール峠をのぼった。新島はもともと山野を歩きまわることに自信はあったが、やはりこのころは健康状態が衰えていたのであろう。一マイル半ばかり坂をのぼったとき呼吸困難となり、心臓もただの様子ではなくなってきた。それでドイツ人に先に行ってもらって、休息また休息、かろうじて頂上にたどりついたが、食欲はなく、咳がひどく、医者はいない。そこでもうこれはだめだと観念して、英文でつぎのような遺言状をしたためた。

私は、日本の土地に生まれついた者であり、生まれついた国に派遣されたキリスト教宣教師です。私は、健康をそこねたため、祖国を離れることを余儀なくされました。昨日私は、ミラノからアンダーマットへ来てホテル・オーバーアルプで一泊しました。今朝、ドイツの紳士とともにサン・ゴタール峠に向かって歩き出したのですが、からだの調子が悪くなったので、そのドイツ人は私をあとに残してアイロローへ向かって出かけました。私は呼吸が困難になってきました。心臓に故障が起きたにちがいありません。私の所持品とすこしばかりのお金はホテル・オーバーアルプにおいてあります。もし私が死んだ場合、どうぞミラノ市トリノ街五一番地のユリノ牧師に電報を打って下さい。そして私のなきがらを引き取るよう頼んで下さい。天の父は私の魂をやさしく胸にだきとって下さるでしょう。

一八八四年八月六日　　　　J・H・ニイシマ

右の文書を読まれた方は、どなたでも日本のために、私の愛する祖国のために祈って下さい。私はユリノ牧師に、私のからだをミラノに埋めて下さることと、アメリカ合衆国マサチューセッツ州ボストン市、ジョイ街四番地の名誉市民アルフュース・ハーディー氏にこの文書をとどけて下さることをお願いします。ハーディー氏と夫人は、二〇年にわたって私の恩人でありました。主が、彼ら二人にゆたかな報いを今日もこれから先も与えて下さいますよう。ハーディー氏にはただちに電報を打って下さい。私のかみの毛を切って、わずかな部分を日本の京都にいる愛する妻と年老いた両親に、キリストにおいてわかちがたく結ばれたきずなのしるしとして送って下さいますようお願いします。

日本のためを思い、私が計画したことは崩れてしまうでしょう。しかし私は、主が日本のため多くのことをなしとげて下さったことに感謝しています。私は、日本において主がこれからも不思議なみわざをなし給うことを信じています。主が、私の愛する祖国のために多くのまことのキリスト教徒と高貴な愛国者を起こして下さいますように。

アーメン、アーメン

新島が、ハーディーに対して実の親以上に恩を感じていたことは、いわれのないことではなく、現にこのヨーロッパ旅行にしても、費用は全額ハーディーから出ているのであるから、遺言状のあて先がハーディーになっているのも理解できないではない。しかし同志社の教職員、学生生徒に対する別れのことばがないのは、同志社関係者にとって気がかりな点であろう。新島は遺言状を書きおえたあと、うとうとと眠った。さいわいなことに、それは永遠の眠りとはならず、新島は目をさまし、自分の命がまだつづいていることに気がついた。

そのあと健康もいくらか回復したので、スイス国内をあちこち見てまわり、八月二十三日にはバーゼル外国伝道協会本部を訪れた。バーゼルはスイスの都市であるが、この伝道協会はドイツのプロテスタントによって経営され、宣教師を西アフリカ、インド、中国等に送っていた。多くの宣教師の家族がここに住んでいて、子どもたちのための学校まで設けられていたが、ヘルマン・ヘッセの父ヨハネス・ヘッセはその学校の先生をしていて、新島を客として快く迎え、世話をした。ヘルマン・ヘッセは当時七歳で、小学校の二年生ぐらい、新島は、この幼い男の子がのちにノーベル賞受賞者になるとは夢にも思わず、片言のドイツ語で話しかけるとか、頭をなでるぐらいはしたかもしれない。

バーゼルの客舎に数日滞在したあと、ドイツにはいり、ウィースバーデンではなつかしい人々を訪ね、今回はパリを失礼してブリュッセル、ロッテルダム経由でロンド

1885年夏，新島がメイン州のハーディーの別荘で描いたフレンチマン湾の墨絵．

ンへ、そして九月二十八日、新島の第二の祖国アメリカの土を一〇年ぶりで踏んだ。

住みなれたニュー・イングランドの風土の中で、ゆっくりからだを休めようと思えばできたはずであるが、新島にはそれができなかった。ボストンのハーディー家を根拠地にさせてもらって、見学旅行に出かけ、旧知を訪ね、アメリカン・ボードの関係でからだを動かすことも多かった。ボードから同志社に五万ドルを送ることが決まったという知らせは、新島をことのほか喜ばせた。再会の喜びをともにした旧知というのは、ワイルド・ロバー号のテイラー船長の未亡人、ベルリン号船長のセーボリー、アーモスト大学の教授シーリー、シーリーはこのときはすでに学長の地位についていた。アンドーバー神学校の恩師パーク、アンドーバーのフィリップス・アカデミー時代に世話になったヒッドン兄妹、札幌の農学校で教えたW・S・クラークら、そのほか新島の教え子蔵原惟郭《いかく》がアメリカに来ていたし、既知の青年内村鑑三が新島を訪ねて来るということもあった。内村はペンシルベニア州立白痴院の看護夫として働いていて、いかに生きるべきかにひどく悩んでいたので、新島は彼の相談相手になってやり、シーリー学長に頼んで内村をアーモスト大学に入学できるようにしてやった。内村は、後年、新島の悪口を言ったり、失礼な態度をとったりしているが、この時期には、新島の親切に対して心からの感謝を数通の手紙の中で重ねて表明している。

英文の「おいたちの記」の草稿を、新島は旅行中ずっと持ち歩き、ひまなときに手を加えていたのであろうが、一八八五(明治十八)年八月二十九日、ようやく完成してハーディー夫妻に手渡した。

サンフランシスコ出帆は十一月十九日、横浜には十二月十二日着、神戸に入港したのは十七日だった。京都駅に着いたときには、宣教師、教員、府下紳士、同志社男女生徒合わせて四七〇名が出迎えてくれたと、新島はその日の日記に書いている。

五　新島の反対による教派合同の挫折

イタリア半島に上陸した新島が、ナポリ、ローマのあたりを旅行している時期に、京都では、キリスト教演説会を開いた同志社の学生が、薪や瓦を投げつけられ、負傷者数名を出すという騒ぎが起きた。

京都の僧侶たちのキリスト教に対する反感、憎悪は、おどろくほど根強いものであったが、一八八四(明治十七)年五月二十二日に西陣で開かれた演説会のときも、あらかじめ妨害が計画され、弁士はやじりたおされた。しかしこの日は、宣教師グリーンが学生といっしょだったので、僧侶のほうもいくらか遠慮したのか、たいしたことにはならなかった。翌二十三日の夜は、空気はいっそう険悪で、学生二〇名は暴徒にとりかこまれ、ランプは消され、「殺せ!」というさけび声が暗やみの中でき かれた。警部が巡査一名を連れてかけつけたので、騒ぎはおさまったかに見えたが、帰途についた学生のあとを追っかけてきた暴徒は、薪や瓦を投げつけ、学生の中に負傷者が五名、六名出るという始末であった。

西陣大宮通寺ノ内付近で行なわれたこの暴力事件は、一〇日ほどたってからようやく京都滋賀新報によって報道されたが、ちょうど同じ時期に、東京で全国各府県警察長の会議が開かれ、そのさい外務卿の意向が内示の形で伝達された。それは、外国人に対する非礼、暴行の事実が全国いたるところで見られるが、一般人民にそのようなことをさせないよう、また耶蘇教徒に危害を加えることのないよう、との主旨のものであった。さらに西京同志社の学生は、将来耶蘇教のために尽力する者であり、政府としては表だっては何もしないが、内々はこれを保護する意向であること、同志社には常住の西洋人教師もいるので、十分気をつけるように、ということも付け加えられた。

京都の警察長は、外務卿の意向をうけたまわって京都へ帰ってみると、同志社学生の耶蘇教演説会に対する妨害事件、暴力事件が起こったことがわかり、びっくりして署長たちを召集し、訓示をおこなった。その結果、五月二十三日の夜暴力をふるった僧侶ならびに共犯者約五〇名が逮捕された。さらにごていねいなことに、前年の夏、京都松原通りで街頭説教をしていた同志社教師ゴードンに対し乱暴した男を、新たに捜し出して逮捕するという熱心さを警察は示した。

以上の記述は、当時同志社の学生であった池袋清風の詳細な日記と、池袋がこの事件を旅先の新島校長に知らせるために書いた長文の私信を基にしたものである。この中に出てくる外務卿とは、条約改正、欧化政策、鹿鳴館の話が出れば、必ず名前の出てくるあの井上馨《かおる》である。欧化主義のかけ声とともに、キリスト教に対する風当たりは急変したが、その一端は京都でこのような形をとって現われたのである。まま子扱いされていたキリスト教徒が、にわかにちやほやされ出したころの状況を、山路愛山はつぎのように語っている。

　日本におけるスペンサーの唱道者たりし帝国大学の外山正一すらも、従来、耶蘇教に対して皮肉の批評を試みたるに関せず、いまやその論鋒を一転して好意を表わすにいたり、日本外務の当局者たりし井上馨はしばしば礼をあつくして耶蘇教伝道者中の有力者をその邸に迎え、暗にその歓心を求むるにいたれり、ここにおいてか、耶蘇教徒はあたかも幽谷を出でたる鶯《うぐいす》の百花爛漫の間にその得意の喉《のど》を転ぜんとするがごとく、ただ前途の洋々たるを見たり。モーセのごとく、その約束の地の眼前に開かれたるを見たり。多くの青年はこの潮流に動かされて、自《おのずか》ら教会の門に集まり来れり。耶蘇教の演説会は政党の政談演説会よりも多数の聴集を集むるにいたれり(1)。

日本のキリスト教信徒の総数は、一八八五(明治十八)年には一万一〇〇〇名だったのが翌八六(明治十九)年には一万三〇〇〇名、八八(明治二十一)年には二万三〇〇〇名、そして九〇(明治二十三)年には三万四〇〇〇名という急増ぶりをみせた。それが政府の欧化政策のおかげであって、自力によるものではないということであれば、キリスト教徒として心から喜ぶことはできなかったはずであるが、実際は、調子にのった人もいたのであろう。アメリカのプレスビテリアン系の日本基督一致教会(注・以後一致派と略称)とコングリゲーショナル(会衆派)系の日本組合教会(注・組合派と略称)との合同の機運は、この時期、つまり一八八六(明治十九)年に促進され始めたのである。『日本基督教会史』(2)は、一致、組合両教派合同事件にかんする記述を、つぎのような書き出しで始めている。

欧化主義の盛にもてはやされるにつれ、我国基督教の宣布は一時長足の進歩をなし、其の勢将《まさ》に全国を風靡せんとするの盛況を呈したるが、如何にせん基督新教の伝道は各宗派区々別々にして統一なく、各派分立の弊はその実力を減殺し、その勢力の微弱なる、到底此の大勢に応じて日本を基督教化するの不可能なるを看破し、一致協力以て事に当らんとの議、期せずして各派有志者の間に起り、合同の気運基督教界内に漲《みなぎ》れり。……

そもそも宗派などというのは、アメリカの宣教師が日本へもちこんだものであって、主イエス・キリストの教えに従う者のあいだに派閥などないはずである、われわれは宗派の垣根を取りはらって合同しようではないか、一つにまとまろうではないかという声が強くなってきて、一八八七(明治二十)年五月には、日本のプロテスタント教会の三分の一の勢力を占めている一致派(日基派)と、同じく三分の一の勢力を占めている組合派(会衆派)と、両方がそれぞれ合同問題のための委員を選出するにいたった。組合教会という名称は、米国会衆派教会の教派性をそのまま受けつぐものではないという意味をこめて、一八八六年から使用され始めたのである。

新島は、健康を害していたこともあって委員には選ばれなかったし、憲法草案細目編成委員にも選ばれなかったが、しかし彼は非常な憂慮の念をもって、運動の進展を見守っていた。彼の本心は、徹頭徹尾合同に反対であったが、委員たちのあいだで話は急速に進められているということがあり、合同を肯定し支持する世論のようなものもあって、新島としては正面切って反対することが、はばかられた。新島は、合同そのものには必ずしも反対ではないが、合同を促進するやり方がデモクラティックでないので反対だというような、ややあいまいな意見の表明をしていたので、委員たちもそれほど深刻には気にしていなかった。しかし新島の反対は予想以上に強硬だった。組合派選出の委員たちは、合同に踏み切るためには新島を切りすてて前進するか否かを決断せねばならないところまで追いこまれてしまった。それ以外の者も、たとえば松山高吉のように、組合派の委員、合同の積極的支持者は、ほとんど新島の教え子であり、それ以外の者も、たとえば松山高吉のように同志社社員(理事)、グリーン、ゴードンのように同志社の教師であって、まさか新島を切りすてて前進することもできず、合同は事実上新島の反対のために見送られることになった。合同に熱心であった人々は、新島に対するふんまんを、露骨には表わさなかったにせよ、内心は、おだやかでなかった。

しかし、当時の情況を今日ふり返ってみたとき、新島がさいごまで反対するであろうということが、どうしてわからなかったのだろうという疑問が生じてくる。一致教会との合同に反対し、せっかく盛りあがった運動をぶっつぶした新島を理解するためには、すくなくとも新島が最初ボストンに上陸したあの時期までさかのぼって考えてみなければならないだろう。

新島がアンドーバーの会衆派の教会で洗礼を受け、アメリカ滞在中、会衆派の教会に常時出席して礼拝を守っていたというだけなら、それほどのことでもなかっただろうが、しかし彼の最大の恩人アルフュース・ハーディーが会衆派の熱心かつ有力な会員であったこと、会衆派系の外国伝道協会（アメリカン・ボード）にかんしてもハーディーは物心両面での強力な支持者であったことは、新島の会衆派へのつながり、依存を決定的なものにした。新島は、帰国にさいしてアメリカン・ボードの日本国準宣教師に任命され、帰国後の生活をボードによって保証されていたのであり、キリスト教主義大学設立のためのカンパも、アメリカン・ボードの年次大会の席上で訴えたのである。あのときカンパをした人々はすべて会衆派のクリスチャンであり、集まった金は、新島の手にわたらず、ボードが保管したのである。一方、教派というものに釈然としない明治初期の日本人キリスト教徒は、教派に拘束されたアメリカ人宣教師ではなしに、アメリカの神学校を卒業して聖職者の資格を得た日本人新島を自分たちの公会（無教派教会）の牧師として迎えようとし、その帰朝を大きな期待をもって待ちもうけていたのである。

「然《しか》るに豈《あに》測らん、新島は強い宗派論者であった」と植村正久は書いている。

彼は外国の優勢なる教派と結託せずんば、事をなすが困難であるとの理由のもとに、日本基督公会の有志者の提議を斥《しりぞ》けた。其れのみか、反対に之を説伏せん

と試みたのである。(3)

すでに東京、横浜では、会衆派以外の各派が自らの地盤を固めており、立ちおくれた会衆派は、神戸、大阪に新しい地盤を築こうとしていたのであるから、自分も当然関西で働く覚悟で新島は日本へ帰ってきたのである。無宗派、無教派をとなえる横浜の有志のことばなど、新島の耳にはいるはずはなかった。それからあと一〇年、二度目のアメリカ滞在中、新島は、アメリカン・ボードから同志社あてに五万ドル寄付の報告を受けた。その時のボードの議長はハーディーであった。同志社財政の現状と将来を思うとき、頼みになるのは何といってもアメリカン・ボードであった。同志社大学設立資金を集めるために、新島がいよいよ本腰になりかける時期と、組合派と一致派との合同が促進される時期とは、ほぼ同じであるが、合同は、アメリカの〝優勢なる教派〟との固い結びつきを失い、同志社大学設立という大事業をなすを困難ならしめるものであった。すくなくとも新島にとって、利害得失は明白だったはずである。

もちろん、新島は利害の立場だけから合同論に反対したのではない。新島は「利害の人に非ずして主義の人なり」(4)とは柏木義円が強調したところである。アメリカン・ボードのながい年の恩義にしばられて反対したというだけでもなかった。ボード本部のクラーク主事は、合同反対の意向を新島に伝えてきたが、一方グリーン、ゴードンなどボード派遣の宣教師が合同を推進するがわにまわったということもあった。新島は、ではいったいどのような主義にもとづいて、一致派との合同に反対したのであろうか。

新島は、組織による統制、上からの指令、寡人政府主義を好ましからぬものと見なしていた。寡人政府主義とは、今日のことばでいえば寡頭支配である。新島は、個の自由、自治の精神、平民主義を尊しとしていたのであり、会衆派(コングリゲーショナル派)は、一致派(プレスビテリアン派)同様カルビン主義に源を発しているとはいえ、また日常生活のピューリタン的厳格さにおいては同じであるとはいえ、教会政治の上では、寡頭政治ではなく、平民主義であり、組織ではなしに個を大切にする体質が形成されており、新島はそのような会衆派系、組合派系に所属していることを誇りにしていたのである。もっとも組合教会の会員がすべて自由を大切に考えているわけではなく、新島は「予の尤《もっと》も遺憾とする所は、我が組合(教)会の連中が、我が自由を重んぜざる一点なり」と嘆いている。新島の最大の不安は、教会政治にかんして無知で、組織もなく、規則もなく、漠然とした組合教会が、「規則の厳格なる一致(教)会と合併せんとするならば、我が失う所は如何に多きぞ。又今得る所の自由も漸く減殺せられ、千百年の後には醇乎たるプレシバ《(ママ)》テリヤン会となるは疑を容れざる所なり」という点にあった。厳格な組織ではなくルーズな組織、統制ではなく自由を愛する者は、新島支持に傾くことになりそうであるが、ただ、当時の日本基督一致教会が、新島が想定していたとおりの厳格な組織体であったかどうかについては、若干疑いをさしはさまざるをえない。新島は、委員以外の者にゆっくり審議する時間的余裕を与えない、合同反対の意見をのべる自由を与えない、つまり決定にもちこむ方法が民主的でないといって、さかんにふんがいしているが、ともかくも一致派と組合派との合同は挫折した。諸教派の共存状態はそれいらい一九四一(昭和十六)年の日本基督教団成立の直前までつづくのである。

注

(1)『日本の名著』40、徳富蘇峰、山路愛山、一九七一年、中央公論社刊、三九五ページ。
(2)一九二九年、日本基督教会事務所刊、山本秀煌編、一一一ページ。
(3)「福音新報」一九二二年一月十二日、一三八五号(『植村正久と其の時代』第三巻所載)。
(4)『柏木義円集』第一巻、一九七〇年、未来社刊、八一ページ。

六　「同志社大学設立の旨意」

「同志社大学設立の旨意」と題する長文のアッピールが、設立発起人新島襄の名前で天下に公表されたのは、一八八八(明治二十一)年十一月、新島の死に先だつこと一年と二か月の時期である。

新島は最初、一八八二(明治十五)年十一月に「同志社大学設立之主意之骨案」[1]と題する原稿を美濃紙一二枚にしたため、翌一八八三(明治十六)年四月にはこの「骨案」にかなり大きな修正を加え、「同志社大学校設立旨趣」[2]と題する小冊子を同志社の名で刊行している。この小冊子は、当然さまざまな反応を周囲によび起こした。同志社という文字は、すぐさま耶蘇教を連想させるので、新設の大学校の名称としては適当でないという判断が出てきて、新島もその判断を受け入れたもののようである。翌一八八四(明治十七)年五月には新島襄、山本覚馬両名の名で「明治専門学校設立旨趣」[3]が印刷され、ひろく配布された。専門学校ということばは、文学、歴史、哲学、政事、経済等を専門に講究する学校であって、一般教養の大学ではないことを意味していたのであって、専門学校は大学より一段下という感覚で使用されたのではない。

以上、活字化されなかったものとされたものと、合わせて三とおりのアッピールが、欧米再遊前に作成され、そしてさいごに「同志社大学設立の旨意」(4)が発表されたのであるから、そのときどきの状況に応じて文章表現がどのように変わったか、新島の構想そのものがどのように変わったかを、綿密に検討することは、十分意味のある仕事であろう。しかしここでは、四とおりのアッピールのそれぞれの特徴を、手短かに指摘するだけにとどめておかねばならない。

最初の「骨案」に目を通したとき、まず注目されるのは、それが非常にはげしい攻撃的な口調で始まっていることである。

甚《はなはだ》しきに至りては、糊口を以て人間第一の急務となし、世の先導者を以て自任する身分ながらも、射利求名を以て学問の大目的とし、安逸を得るこそ人間最大の幸福なりと誤認し、汲々自ら之を求むる耳《のみ》ならず、門弟に向い喋々之を訓誨するを以て恥辱とせざるに至り……。

ここで攻撃されているのは特定の個人であるらしく思われる。そしてその特定の人物が、福沢諭吉であるという推定にかんしては、相当の根拠があることを、認めなければならないが、推定どおりだとすれば、新島はやや感情に走りすぎていたようにも思える。全国的に名前を知られている福沢諭吉と、知られていない新島襄とを「新日本の二先生」として論評したのは徳富蘇峰であるが、彼は「二君は実に、明治年間、教育の二大主義を代表する人なれはなり。即ち、物質的知識の教育は、福沢君に依《よ》って代表せられ、精神的道徳の教育は、新島君に依って代表せられる」(5)とおだやかにのべている。しかし主義の上で鋭く対立する二人の関係が冷たいものであったことは、さまざまな事実からも裏付けることができる。新島は、福沢の俗物主義、利己主義、唯物主義、懐疑主義にたいしてファイトを燃やしながら、自らの主義にもとづいて、「智徳兼備の民」をつくるために、どうしても関西に大学をという決意をいっそう固めていたのではあるまいか。新島の特色は、福沢と対比させたときに、おそらくもっとも明瞭に現われるものと思われる。

つぎに、新島にとって、大学はもはやリベラル・アーツの大学《カレッジ》ではなくて総合大学《ユニバーシティー》であった。文学部と理学部とは資力の関係であとまわしにし、まず宗教兼哲学の学部、医学部、法学部を設けるといっているのであるから、その点は明白である。

第三に、基督教という文字がこの「骨案」には一度も現われないということ、宗教兼哲学の学部というのも、新島の本心に従えば、神学部となるはずであったが、基督教に対する日本社会の強い偏見の下では、いたし方のないことであった。

第四に、基督教の代わりに天皇陛下という文字が四度くり返され、「上は　天皇陛下の叡慮を慰め奉り、下は同胞の幸福を来らしめ……」という新島としては珍しく天皇を敬し奉った文章がここでは見られる。自由党の機関紙「自由新聞」「日本立憲政党新聞」ですら、聖天子、皇上などという文字の上は一字あけて敬意を表していたほどに、天皇神格化工作は進行し、国民のあいだに浸透していたのであるから、新島も心ならずも時の勢いに迎合する気になったのであろう。

「骨案」は、以上のべたような重要な特徴をもっているが、ただ、これは新島の私案にとどまり、公表されず、活字化されなかったのであり、第二、第三、第四のアッピールには、たとえば天皇陛下という文字は、もはや現われない。この点にかんして、新島の自己批判があったと見るべきであろうか。

翌年四月、小冊子として配布された「同志社大学校設立旨趣」は、維新以来、欧米の文物をぞくぞく採りいれたことを肯定しながら「独〈り〉惜む、専ら智識開達のみに偏重し、道徳の一辺に至ては、漠然として顧るところなく、其根本に培《つちか》わずして其枝葉に務め、其源頭に溯らずして其支流を逐《お》い……」と論じている。〝源頭〟は、「其源頭をなす基督教」と言いたかったのであろうが、さし控え、基督教という文字は、この「旨趣」の中でも一度も出てこない。

明治政府は、東京に専門大学を一つ設置した（注・帝国大学の前身である東京大学）、関西にもせめて国民の手で専門大学を一つ創設したいということが、ここでは力強いことばで主張されているが、学部にかんしては、骨案のときと相違していて、まず法学部の設立が急務であり、理学、文学、哲学はあとまわしにするとのべられている。法学部設立といっても、スタッフは教授一人、助教員一人、たったそれだけ、法学博士を外国から招き、二人に月給を払うために基金が一〇万円いるというのである。新島が死に物ぐるいになって、一〇万円集めたからといって、お上《かみ》のたてた法科大学校とまともに対抗できるはずのものではなかった。

翌一八八四（明治十七）年五月には「明治専門学校設立旨趣」が、発起者新島襄、山本覚馬の名前で印刷発行されている。このパンフレットが配布されている時期には、新島はすでに日本を離れて中近東かイタリア辺を旅行中であった。なぜ同志社大学校という名称が明治専門学校に変わったかの説明はされていないが、この趣意書にいたってようやく「基督教の道徳」という文字が現われる。そのことは政府の方針が欧化主義への転換のきざしを見せ始めたこととの反映だと解釈することができるが、それにしても明治政府の下で、封建的遺制の強い日本の風土の中で、キリスト教主義大学を設立することが、いかに苦難の道であり、いばらの道であったかを、三つの文書は、無言のうちに語っているように思われる。

「明治専門学校設立旨趣」は、法学部を断念して、文学専門部をまず設立するとのべている。外国の法学博士を招く見こみが立たなかったからである。普通の人間なら、このへんでお手あげをするところだが、新島はいささかもひるまなかった。

大学を設立するは、固《もと》より容易の事業にあらず。校舎の建築と云い、教場の整備と云い、博士学士の招聘と云い、必ず数万の金額を要すべし。是れ固より吾人少数人員の資力を以て之を支うべきにあらず、然れども泰山は土壌を積んで高く、黄河は細流を集めて深し、我邦人苟《いやしく》も文明の栄光を望み、社会の福祉を祈り、学事の最も治化に緊要なるを了得するあらば、起て吾人と志を同じうせよ、来って吾人と力を協《あわ》せよ……。

と訴えるその精神力の激しさは、ただただ驚くほかはない。

二度目の欧米旅行をおえて日本へ帰ってきたとき、キリスト教主義大学を設立するための諸条件が、かなり好転していることに新島は気がついたであろう。しかし憂うべきことは、新島が旅行中ゆっくりと静養し、健康体をとりもどして帰ってきたのではなかったという事実である。すこし活躍しすぎたと思うと、すぐからだのどこかに故障が生じ、何日も病床に釘付けにされるというありさまで、一方では前途暗たんであった。アメリカに滞在中、新島は、日本の東北地方にキリスト教主義の学校を新設することを本気で計画していたが、帰国した翌年の五月から六月にかけて、福島、山形、宮城の三県に足をはこび、夏休みにはまた仙台へ出かけている。そして一八八七(明治二十)年六月には、新島の祈りと努力が実って、仙台に東華学校という名の学校が開校される。新島は、開校式に列席するため、またしても神戸から船にのって横浜へ、上野からは汽車で北上するのであるが、どうしてそこまで手をのばさねばならなかったのかとい

同志社大學設立の旨意

吾人が私立大學を設立せんと欲したるは一日に非ず、而して之れが爲めに微力を盡したるも亦た一日に非らず、今まや計畫略ぼ熟し、時期漸く來らんとす、吾人は今日に於て、之を全天下に訴へ、全國民の力を藉り、其の計畫を成就せずんば、再び其時期無きを信ず、是れ吾人が從來計畫したる所の端末を陳じ、併せて之れを設立する所の目的を告白する止む可らざる所以んなり、

回顧すれば既に二十餘年前、幕政の末路、外交切迫して人心動搖するの時に際し、余不肖夙に海外遊學の志を抱き、脱藩して函館に赴き、遂に元治元年六月十四日の夜、竊かに國禁を犯し、米國商船に搭し、水夫となりて勞役に服すること凡そ一年間、漸く米國ボストン府に達したりき、幸にして彼國義俠なる人士の助けを得て、アーモスト大學に入り、續いて又たアンドヴア神學校に學び、前後十餘年の星霜を經たり、而して米國文物制度の盛なるを觀、其大人君子に接し、其議論を聞き、竊に於て米國文明の決して一朝偶然にして生じたる者に非ず、必ず由て來る所の者あるを知る、而して其來る所の者、偏へに一國敎化の力より生ずるを察し、始めて教育の國運の消長に大關係あるを信じ、心竊かに一身を教育の事業に獻んと決したりき、

明治四年、故岩倉特命全權大使等の米國に派せられしや、文部理事官田中不二麿君は、歐米諸國教育の實況を取調への爲め其一行中にありき、時に余アンドヴアに在て翻學せしが、囑されて文部理事官隨行の命を蒙り、理事官と共に北米中著名の大中小學校を巡視し、更に歐洲に赴き、英國、佛蘭西、瑞西、獨逸、和蘭、丁抹、露西亞等の諸國を經歷し、學校の組織、教育の制度等を始めとし、凡そ學制に關する者は、聊か之れを觀察講究するを得、是に於て愈よ歐米文明の基礎は、國民の教化に在ることを確信し、而して我邦をして歐米文明の諸國と對立せしめんと欲せば、獨り其外形物質上の文明を採用するに止まらず、必ず其根本に向つて力を盡さゞる可からざるを信じ、不肖を顧みず、他日我邦に歸らば、必ず一の私立大學を設立し、以て我が國家の爲めに盡力を竭さんことを誓ひたりき、

明治七年、余が米國より歸朝するに際し、適ま北米合衆國外國傳道會社の總會ありき、米國の紳士貴女、會する者三千餘名、余の友人にして此會に集る者頗る多きにより、諸友余を慫して總會せしめ、且つ該會の辭を求めらる、此に於て始めて平生の宿志を開陳して曰く、今まや我が日本は、社會の秩序破れ、紀綱亂れ、人心歸着する所を知らず、今日に於て、我が日本に文化の美光を來さんと欲せば、宜しく歐米文化の大本たる教育に力を用ひざる可からず、願ふに我が新邦三千餘萬、將來の

「同志社大学設立の旨意」(『国民の友』付録).

う感想を、今日のわれわれはもたずにはいられない。

明治専門学校設立の準備は、そういう事情もあって、帰国後の二年間はたいして進展しなかった。準備が本格化したのは、一八八八(明治二十一)年の三月、四月ごろからと見なしていいであろう。東京の徳富猪一郎から新島あてに「明治専門学校の名よりも一層明快に同志社大学と致候方然る可く存じ居り候……」という手紙[6]がとどき、同志社社員会は、徳富のこの示唆を受けいれ、明治専門学校をやめて同志社大学という名称を採用することを、九月正式に決めた。新島は「同志社大学設立主意書」の起草を徳富猪一郎に依頼したが、言うまでもなく、これは新島の健康状態が執筆に耐えられなかったためであり、新島は徳富を信頼し、原稿作成に必要な資料はすべて徳富に送りとどけた。

二〇〇字詰め原稿紙に書きかえれば、四七枚に達する「同志社大学設立の旨意」は、明治二十一年十一月、発起人新島襄の名前で公表された。

この文章は、不肖新島が、アメリカにおける苦学一〇年、その間欧州諸国の教育制度を見る機会を得、「欧米文明の基礎は国民の教化に在ることを確信し」「他日我邦に帰らば、必ず一の私立大学を設立」することを誓ったこと、明治八年京都に同志社英学校を創立し、キリスト教主義をもって徳育の基本としたこと、その後数年、「同志社が荊棘《けいきょく》の下に埋没」せざるをえなかった事情、同志社教育がようやく世上の信用を博するにいたり、普通教育だけではなく専門教育をも求める者がふえてきたこと、そこでいよいよ私立大学設立に踏み切り、多くの名士の賛同を得、寄付金が徐々に集まりつつある状況についてのべた後、日本の唯一の高等教育機関である東京の帝国大学が実に有益なる存在であることを疑わないが「然れども人民の手に拠って設立する大学の実に大なる感化を国民に及ぼすことを信ず、素《もと》より資金の高より言い、制度の完備したる所より言えば、私立は官立に比較し得べき者に非《あらざ》る可し、然れども其生徒の独自一己の気象を発揮し、自治自立の人民を養成するに至っては、是れ私立大学特性の長所たるを信ぜずんば非ず」と論じている。私立大学がとうてい官立大学と太刀打ちできないことがわかりきっていながら、日本とアメリカとの事情の相違があまりにも大きいのをくやしいと思いながら、それでも自治自立の人民養成のために奮闘しなくてはという気がそこには充ち満ちていた。

同志社大学は「宗教の機関」ではない。「基督教を拡張せんが為に」大学校を設立するのではない。「唯《た》だ基督教主義は、実に我が青年の精神と品行とを陶冶する活力あることを信じ、此の主義を以て品行を陶冶する人物を養成せんと欲するのみ」ということばも見られるが、このアッピールは、民友社社長、「国民の友」主筆徳富蘇峰の力もあって東京では「報知新聞」「毎日新聞」(7)「朝野新聞」「東京朝日新聞」その他いくつかの日刊新聞に掲載され(注・福沢の「時事新報」にはのらず)、「国民の友」「東京経済雑誌」等の有力月刊誌にも掲載された。

注目に値するのは、自由民権派の人々が、同志社大学の設立とそのための募金運動に好意と支持とを表明したことである。たとえば植木枝盛は、「設立の旨意」が公にされた直後の十一月十六日、同志社を訪問し、新島襄と金森通倫が全校生徒を前にして同志社大学設立にかんしての演説を行なったあと「一場の演説」(8)を行ない、翌十二月十一日付けで、新島襄先生あてにあいさつ状(9)を出している。内容は、設立趣意書はすでに「土陽新聞」(10)に転載されたので、このうえは義捐金集めに力をいれたい、平生の同志は、金の面で豊かではないので、十分ご期待にはそえないかもわからない、しかし大学設立の企図は絶大な美挙であって、これに賛成しない者は高知県下にほとんどいないのではないかと思う、という趣旨のものである。植木のほかに板垣退助、中江兆民、土倉庄三郎、中島信行などが、それぞれちがった形で新島の運動に支援を送っている。新島と自由民権派との友情と連帯は、けっして一時的なものではなく、新島の死までつづいた。

注

（1）『新島先生書簡集』続、に収録されている。
（2）『新島先生書簡集』に収録。
（3）同前書簡集。
（4）同前書簡集。
（5）「国民の友」一八九八年(明治三十一年)三月号所載。
（6）一八八八年(明治二十一年)三月二十四日付け、同志社所蔵。
（7）明治三年に創刊された横浜毎日新聞の後身。現在の毎日新聞とは別もの。
（8）植木枝盛の日記の中のことば。
（9）同志社所蔵。
（10）植木はその年の四月まで「土陽新聞」の正員であったが、大阪へ出かけるに当たって辞任したのであろう、と『革命思想の先駆者』(岩波新書)の著者家永三郎氏は語っている。

七　五平伝説、寒梅の詩、遺言

松本五平は、新島校長の存命中一〇年、死後一〇年、あわせて二〇年のあいだ同志社の小使い(作業員)を勤めた。五平にまつわる伝説は、明治から大正、大正から昭和へと語りつがれたが、マルクス主義の運動が学園を揺さぶり始めるとともに、どこかへ消えてしまった。ただ、洛東若王子の新島襄墓地には、松本五平之墓と刻まれた小さな墓石が、今もなお立っている。新島襄と松本五平とは、どのような関係で結ばれていたのであろうか。

新島は、身分、職業、年齢のいかんを問わず、すべての日本人に「さん」付けで話しかけた。初めて同志社の生徒となった少年少女は、新島校長から、だれだれさん、というふうに呼ばれて、小さな驚きを感じたことであろう。分けへだてをせず、すべての人をさん付けで呼ぶことの中に、新島の平等主義の一端が現われていたのである。

新島のさん付けは、もちろん、姓(苗字)に対してであるが、姓ではなく名にくっつけて呼ばれた人が日本中に二人だけいた。一人は八重子夫人であり、もう一人は、作業員の松本五平であった。新島は家庭の中で八重子夫人を「八重さん」と呼び、八重子夫人は新島を「襄」と呼んでいた。同志社の生徒は、このやりとりを耳にしたときも、びっくりしたにちがいない。妻が夫を名前で呼び、さんを付けないのは、西洋の流儀の直輸入だったのか、それとも八重子夫人のふるさとである会津のならわしなのか、明らかでない。作業員松本五平を、新島はなぜ「松本さん」と呼ばないで「五平さん」と呼んだのであろうか。五平の正確な生年月日は不明とされているが、同志社に雇われたのは、ほぼ四〇歳のころで、それまでは「五平」「五平」と呼ばれながら走りばたらきのような仕事ばかりしていたらしく、同志社へ来ても、引きつづき「五平」「五平」と呼ばれていたようである。当人はそれで別に気にもとめてなかったのであるが、新島校長は、相手が作業員だからといって「五平」と呼びすてにすることが、どうしてもできないたちの人だったので「五平さん」という呼び方をした。驚いたのは五平である。「松本さん」といわれても、もちろん悪い気はしなかったであろうが「五平さん」という校長の呼び方には、親しみがこもっているとともに、自分が人間として尊重されているようでもあり、五平としては非常にうれしかったし、そのために新島先生をいっそう尊敬するということになったようである。

そうなると、つぎには、学生が「五平」「五平」と呼びすてにし、用事を言いつけたりするのが気になってきた。新島先生が自分を「五平さん」とやさしく呼んでくれるのに、学生がなんでえらそうに自分を「五平」「五平」と呼びすてにするのか。そう思って、彼は何度か学生に文句をいった。しかし同志社の学生たちにとって、五平はただの作業員ではなかった。彼は同志社の名物男であり、人気男であり、愛敬《あいきょう》のある喜劇役者であった。彼のこっけいなしぐさ、弁舌はしばしば人々を抱腹絶倒させた。

一寸法師、エスキモーとあだ名をつけられるほど、背は低く、しかし頭だけは大きかったが、彼自身は「同志社で一番偉いのは新島様とデビス先生とおれだ」などといっていばっていた。柏木義円は、苦学生として毎土曜日、教室の掃除をしたあと、五平がやってきて「柏木さん、掃除が粗相だぜ」と言ってたしなめられたことを、思い出として書いている。そういう作業員だったので、学生たちはバカにするというよりは、むしろからかう気持ち、親愛感から「五平」「五平」と呼んでいたらしいのである。「同志社時報」(月刊)が、一九一四(大正三)年七月に「五平記念号」を特集したのも珍しいが、柏木以外に二五名の卒業生がそれぞれ五平の思い出を書いており、水崎基一は、「マジメな新島先生とコミカルな五平とが、校内で出あうと、先生は〝五平さん、おはよう〟とあいさつされる、五平は、はち巻をとり、うやうやしく頭をさげる」、そのほほえましいコントラストを思い出してなつかしがっている。

興味があるのは、特集号が出た当時、同志社中学で国語の教師を勤めていた三輪源造が、五平の寝酒の習慣について語っていることである。新島の学校、厳格なピューリタニズムの支配している同志社では、学生が酒を飲んでいるところを見つかれば、容赦なく退校処分になる。作業員五平は、校内に住んでいたらしいが、どうしてクビにならなかったのであろう。五平は、飲んだからといって、クダをまくわけではなく、大声で歌をうたったり、わめいたりするわけでもなく、奥さんの前でつつましやかに飲んで、おとなしく寝床にはいったので大目にみられたのかどうか。五平は、同志社教会で洗礼をさずけてもらおうと思ったが、この願いは受けいれられなかった。理由は、五平が酒を飲むことにあったようである。

五平には子どもがなかった。六〇歳近くになり、奥さんをなくしてからは、孤独に耐えられなくなって、どうしてもイエス様の弟子にしてほしい、教会員の仲間に加えてほしい、死んだあと、新島先生のお墓のそばにうめてほしいと必死で頼んだらしく、同志社第一回卒業生の宮川経輝《つねてる》牧師が、同志社教会で洗礼をさずけた。以後酒は絶対つつしみますと五平が誓約したのか、洗礼は、奥さんを失ってしょんぼりしている五平をあわれんでの特別措置であったのか、そこまでは三輪も語っていない。

松本五平は、『同志社五十年史』の中で同志社を代表する九人の人物の中の一人に選ばれており、住谷悦治著『あるこころの歴史』(住谷・篠部奨学金出版会刊)の中でも取りあげられ、その文章は「同志社時報」第四〇号に転載されている。

新島は、一八八八(明治二十一)年五月ごろには、自分の病症が心臓病であり、「早晩小生は此の病の為に斃《たお》れるべきは覚悟せねばならざるに、然し摂生の仕方によれば五年や十年は保つべきも斗《はか》り難きよし承知仕候間」と土倉庄三郎あての手紙(五月十一日付け)に書いている。しかし実際はそれから一年と数か月しかもたなかった。

この間、募金のための東奔西走は、いたいたしく、目をおおいたくなるぐらいであるが、東に奔って病いにたおれ、西に走ってまた病いに伏す、といったほうがより正確かもしれない。「同志社大学設立の旨意」の中には、中央の名士の寄付として、千円　大隈伯、千円　井上伯、六千円　渋沢栄一君、五千円　岩崎弥之助君など大口のものだけがしるされているが、実際は、地方の小商人、小役人、農民からも、額はともかくとして、おびただしい数の支援者を見いだすことができた。そしてこれら小さな支援者の名前はもれなく「国民の友」誌上に掲載された。一八八九(明治二十二)年の秋の暮れ、過労のためついに前橋でたおれ、きびしい冬の季節のあいだは、暖かい大磯で過ごしたほうがよかろうということになった。徳富蘇峰のはからいで、百足屋《むかでや》という海辺に近い旅館の離れ座敷を借りうけ、十二月二十七日以後そこで静養することになった。

送歳休悲病羸身　　歳を送りて悲しむを休《や》めよ病羸《るい》(病弱)の身
鶏鳴早已報佳辰　　鶏《けい》鳴早く已に佳辰を報ず
劣才縦乏済民策　　劣才たとい済民の策に乏しくとも

尚抱壮図迎此春　　尚お壮図を抱いて此春を迎う

これは、一八九〇(明治二十三)年元旦を、おそらくは寝床に横たわったまま迎えた新島の作品であり、新島の多くの七言絶句の中で、さいごを飾るにふさわしい感動的な一篇である。

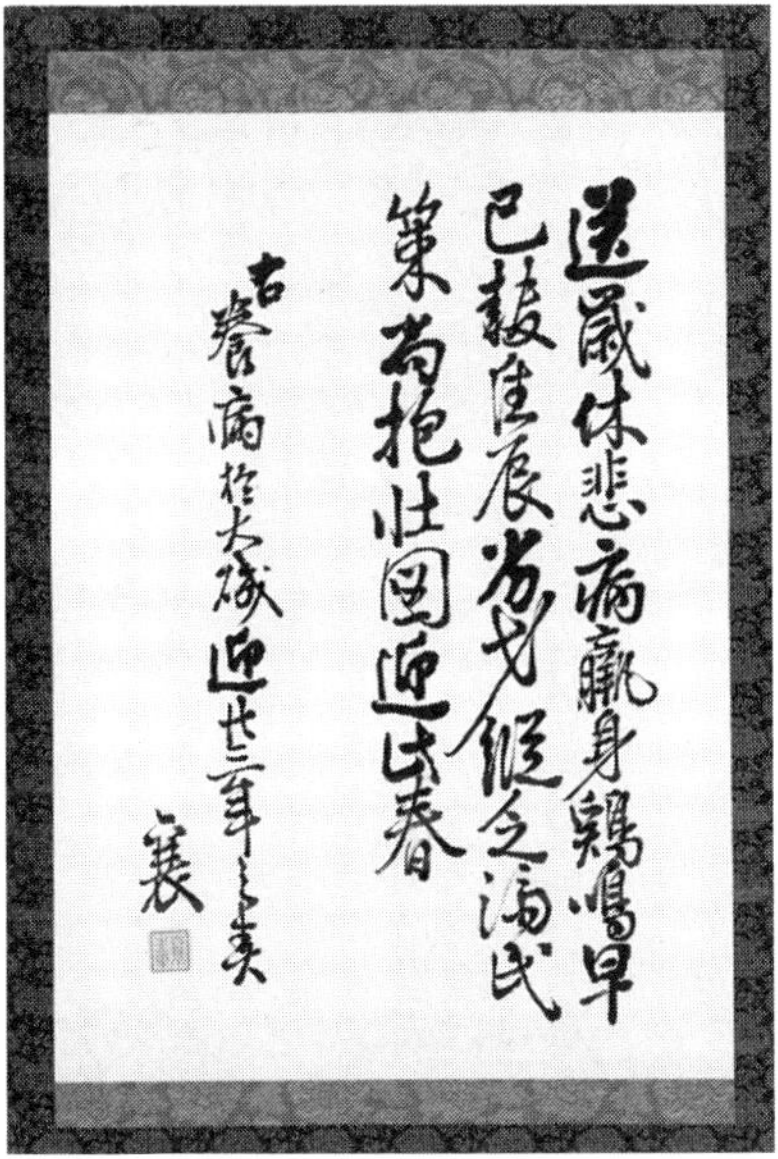

1890 年元旦に揮毫した漢詩.

庭上一寒梅　　庭上の一寒梅
笑侵風雪開　　笑うて風雪を侵して開く
不争又不力　　争わず又つとめず
自占百花魁　　自《おのずか》ら占む百花の魁《さきがけ》

この五言絶句は、おそらく前者より数日あとに生まれた作品だと推定される。新島はもはや日記をつける気力はなかったし、証人がそばにいたわけでもないので、すべては推測ということになるが、百足屋の庭に梅の木が一本あり、大磯はあたたかい土地なので、正月に花が咲いた。それを眺めての新島の感想が、詩の形をとったのであろうが、この詩を理解するためには、

真理似寒梅　　真理は寒梅に似たり
敢侵風雪開　　敢て風雪を侵して開く

の一句を想い起こす必要がある。この一句を新島は、以前に色紙に書いて、弟子の深井英五に与えたりしているが、新島自身のことばなのか、それとも古人のことばなの

「新島襄臨終図」(久保田米僊画).

か、同時代人のことばなのかはわからない。ともかくもこの一句が先にあり、この一句をふまえて「庭上の一寒梅」ができあがったことは確実である。ところで、「庭上一寒梅」を読んで感じることは、いつもの新島とはちがう、「尚お壮図を抱いて」といった悲壮感、「敢て風雪を侵して開く」といった激しさとは、縁遠いという点である。新島は、喧嘩は好きではなかったが、しかし主義の人であるかぎり、争いは避けられなかった。新島はまたこのうえもなく力《つと》めた人であった。無理に無理を重ねて寿命をちぢめた人であった。自《おのずか》ら占む百花の魁という悠々たる境地、ナチュラルな境地もまた新島のものではない。敢て風雪を侵して開く、というときは、そこには強い意志力が感じられるが、笑うて風雪を侵して開くというとき、そこには激しさも、強い意志力もない。これはいったいどういうことであろうか。私自身の解釈によれば、新島は大磯の宿で、再起不能をはっきりと感じ、募金運動の挫折を目の前に見ていた。今まで、志を貫徹するために、ひたむきに走りつづけてきた自《みずか》らの人生行路をかえりみ、あれもこれもと手を出しすぎ、主義主張のために、しばしば周囲とのあいだに不和の関係をつくり出してきた過去を思い出しながら、庭に目をやると、寒梅が、ほんのりと白くほころんでいるのに気がついた。争わず力めず、自《おのずか》らの姿をそこに見て、やすらかな気持ちを味わい、ほほえみともため息ともつかぬものが外に現われて句となった、そんなふうに思えるのである。「庭上の一寒梅」は、毎年同志社の創立記念式典には、同志社混声合唱団によって歌われる習慣になっている。この詩に作曲をほどこしたのは、まえがきの所で名前を出した大中寅二である。

一月二十日の午後十一時、京都から八重子夫人が到着したときは、新島はすでに危篤状態におちいっていた。徳富猪一郎、小崎弘道は、一足先にかけつけていた。翌二十一日午前五時、新島は前記三名を枕べに呼んで、二時間をついやして、同志社のため、その他気がかりになる人々にかんして遺言を口述し、徳富がそれを筆記した。同志社のための遺言は十か条で、今日、同志社の理事、教職員が遺言を読み返してみて、はっとさせられるのは、特につぎの三か条であろう。

一、社員たるものは生徒を鄭重に取扱うべきこと

一、同志社に於ては倜儻不羈《てきとうふき》なる(はきはきしていて制御に服さぬ)書生を圧束せず、務めて其の本性に従い、之を順導し以て天下の人物を養成すべき事

一、同志社は隆なるに従い、機械的に流るるの恐れあり、切にこれを戒慎す可き事

一月二十三日午後二時二〇分、新島は息を引きとった。病名は急性腹膜炎症、数え年四八歳であった。遺体は翌二十四日、京都へ運ばれ、告別式は二十七日、同志社のチャペルで行なわれた。同志社の生徒たちは、ひつぎをかわるがわるかついで、若王子の墓地へ、そしてそのあと新島の死をいたむ人々のながいながい行列がつづいた。

あとがき

同志社社史史料編集室のとびらを、私はこの一、二年のあいだに何十回たたいたことだろう。それは本を借りるためというよりは、より多く、新島襄にかんしてわからないことを教えてもらうためであった。この部屋には、半世紀を新島の研究と史料収集にささげてこられた森中章光さんと、私の中学時代の恩師であり「新島研究」の編集者である加藤延雄先生がすわっておられて、私の呈出した疑問に対しては、いつも即座に明解な答え、適切な示唆がかえってきた。ご両人のそばには、『新島全集』の実務担当者である若い松井全君の仕事机があって、松井君は松井君でいろいろと私に気のついたことを教えてくれた。史料のありかを指摘するだけではなしに、その史料をわざわざ捜し出して、私に手渡してくれたし、校正刷りにも全部目を通してもらった。このお三人のおかげで、私の新島襄にかんする思いちがいが、どれだけ多く訂正されたか、またどれだけ多く新しい発見をなしえたか、はかり知れないほどである。

このお三人に加えて、私に貴重なアドバイスをして下さった方がた、大切なご本を貸して下さった方がたのお名前をならべると、一〇名をこえることになり、ここではご好意とご親切に対する心からの感謝を表明するにとどめ、お名前をいちいち列挙することは控えさしていただくことにする。

新島襄にかんする厳密な評伝が近い将来に書かれるとすれば、それはおそらく一〇〇〇ページのどっしりした書物三冊にはなるだろう。そしてそのためには幕末、明治初期専攻の歴史家、教育史家、プロテスタント史家、特に宣教師の研究家、十九世紀のアメリカ史、ニュー・イングランドの教会史、神学に明るい人々の協力が必要であり、自然科学者もぜひ加わってもらわねばならない。それにしても同志社関係者は、私をも含めて、新島研究にかんして今日まで何と不熱心だったことだろう。多くの史料が同志社の中で空しく埋れたままになっており、アーモスト、ボストンにも、新島にかんする史料は無数に保存されているといわれている。この小さな書物が、新島についてもっと知ろうとするための一つのきっかけとなることを、願ってやまないしだいである。新島襄と内村鑑三、新島襄と福沢諭吉、新島襄と沢山保羅、そういうテーマのもとに論文がつぎつぎ書かれることも期待したい。

一九七三年三月一日

和田洋一

第四版の刊行にさいして

新島襄を主人公にして一冊の本を書くのであれば、アメリカのニュー・イングランド地方、特にボストン、アーモスト、アンドーバーなどを訪ねてゆっくり滞在し、あちこち見てまわり、新しい資料が見つけられるものなら見つけるように努力することが望ましい。そのことは私にもよくわかっていた。わかっていながら実行しなかったのは、私が英会話が苦手であったことと、ふところに余裕がなかったためである。

新島にとって関係の深い国としては、アメリカの次にドイツがある。ドイツ語ならなんとかなると思って、私がドイツの土を踏んだのは、『新島襄』の第一版が出た直後のことであり、まさに手おくれであった。しかし最初に訪ねたウィースバーデンのまちが私の予想よりずっと美しかったこと、新島がかよっていたと推定されるウィースバーデンの教会堂の礼拝につらなったことなどで私はよろこんだり満足したりした。ついでにスイスのバーゼルも訪れた。そこはドイツ語圏であったし、新島が数日間世話になった宣教師館の写真をとったりした。新島を招待し、世話をした宣教師は、詩人ヘルマン・ヘッセの父であった。

新島はカトリックの国フランスに対しては反発を感じていて、マーコンのまちではプロテスタントの教会堂で礼拝を守った。私もその教会堂を探し出して日曜日の礼拝に参加したが、説教はフランス語だったから、新島が全然わからなかったように、私にとっても全然であった。

アメリカには今から三年前、一九八〇年の夏、やっと行くことができた。同志社大学の卒業生たちが、私のためにおカネを集めてくれ、先生どうぞ行って下さい、と言って現ナマを渡されたのであるから、英会話は苦が手だなどと言っておれず、元気を出してボストン、アーモスト、アンドーバー、そしてラットランドまで出かけた。

第四版の刊行にさいして、私は改訂の機会をあたえられたが、アメリカ旅行の成果を生かすとなると大改訂になるので、この度はほんの小改訂にとどめた。私は現在健康である。せっかくのアメリカ旅行をなんとか生かす仕事をやりとげたい、やりとげねばならぬと考えている。

一九八三年六月十二日

著　者

略年譜

西暦	年号	年齢	事項
一八四三	天保十四		一月十四日(陽暦二月十二日)上州板倉藩江戸屋敷(神田一ツ橋)内で、家長新島弁治の孫として誕生、七五三太と名づけられる。父は民治、母はとみ。
一八四七	弘化　四	4歳	十二月十四日、弟双六生まれる。
一八五六	安政　三	13歳	藩主板倉勝明、新たに蘭学者田島順輔を藩邸にまねき、三名の若者をして蘭学を学ばしめる。七五三太は三名中の一名に選ばれた。
一八五七	安政　四	14歳	四月十日藩主勝明死去。あとをついだ弟の勝殷は学問に理解なく、七五三太は暗い気持ちにおちいる。
一八六〇	万延　元	17歳	藩主を護衛して上州にいたり、初めて安中の町と城とを見る。十一月、築地の軍艦教授所に通うことを許され、数学、航海術などを学ぶ。この前後、江戸湾に浮かぶオランダ軍艦の偉容に接し、強い衝撃を受ける。
一八六二	文久　二	19歳	十一月十二日備中松山(現在高梁)藩主板倉勝静が新たに購入した洋型帆船快風丸に乗船を許され、江戸を出帆する。航海術の実習に従事しながら、太平洋岸沿いに西へ、十二月三日玉島港着。
一八六三	文久　三	20歳	一月十四日江戸に帰着。その後、心は海の外、五大州に向けられ、蘭学のほかに英学をも学びはじめ、ロビンソン・クルーソー漂流記の和訳、アメリカにかんする書物、漢訳聖書抜すいなどを読む。

一八六四	元治　元	21歳	三月七日、快風丸が近く江戸を出帆して北航することを知り、この機会に函館にわたることができればと考える。三月十一日自宅にて送別の宴。十二日午後快風丸出帆。四月二十一日函館着。五月五日以後ギリシア正教神父ニコライの家に住み、ニコライとともに『古事記』などを読む。六月十四日(陽暦七月十七日)夜半、ひそかに米船ベルリン号に乗りこむ。七月一日上海着。九日別の米船ワイルド・ロバー号に乗りかえる。十一月五日香港着。十一日上陸して漢訳聖書を買い求める。
一八六五	慶応　元	22歳	元日はサイゴン。ワイルド・ロバー号は一月三十日二度目の香港着。この日から西洋暦の採用を決意する。新暦の七月二十日ボストン入港、二十四日上陸。十月某日ワイルド・ロバー号の船主アルフュース・ハーディー夫妻と出会う。十月三十日ハーディー夫妻にともなわれてアンドーバーへ、そして同町のフィリップス・アカデミーへの編入学を許可される。
一八六六	慶応　二	23歳	十二月三十日アンドーバーの教会で洗礼を受け、キリスト教徒となる。
一八六七	慶応　三	24歳	六月フィリップス・アカデミー英語科の課程を修了。九月アーモスト大学に選科生として受けいれられ、寮生活を送る。学生布教部に入部。
一八六八	明治　元	25歳	九月、アーモスト大学の正式の学生として三年生に編入される。
一八六九	明治　二	26歳	六月某日帰米していた宣教師S・R・ブラウンの訪問を受ける。そのあとブラウンは再び日本に向かう。夏休みをワイルド・ロバー号船長テイラーの家で過ごす。十二月十三日、テイラーの事故死の報を耳にし、急いで遺族のもとへかけつける。

一八七〇	明治　三	27歳	三月、リューマチをわずらい、寮を離れ、シーリー教授の家で静養する。そのあとさらに寒村ヒンスデールに転地療養し、七月十四日に行なわれた卒業式には出席不能となる。アーモスト大学からはバチェラー・オブ・サイエンスの称号がおくられた。九月、アンドーバー神学校に入学。
一八七一	明治　四	28歳	一月祖父弁治の病死を知る。三月十五日日本からアメリカに派遣された外交官森有礼とボストンで会見。森は、国禁を犯してアメリカにわたった新島の帰国実現のためあっせんの労をとる旨をのべた。八月には日本政府からの留学免許状ならびに旅券が森を通してとどけられた。九月弟の双六が二四歳の身で旧暦二月七日病死したことを知る。
一八七二	明治　五	29歳	三月七日ワシントンの日本公使館を訪ね、森有礼に会い、そのあと旧友津田仙の娘梅子(数え年八歳)にも出あう。翌八日岩倉具視を全権大使とする遣米使節団の一員文部理事官田中不二麿と会見し、教育事情視察にかんして通訳の仕事を委嘱される。二十一日使節団副使木戸孝允と懇談の機会をもつ。三十一日田中とともにワシントンを離れ、アメリカ東部諸学校視察の旅に出る。五月十一日田中とともに欧州航路の船に乗りこむ。リバプール、マンチェスター、グラスゴー、エディンバラ等を経由して六月五日ロンドン着。七月十七日パリ着。スイス、ドイツ、ロシア、オランダ、デンマークなどを見てまわり、九月以後はベルリンに居を定め、田中理事官の服命報告書の原稿作成に務める。
一八七三	明治　六	30歳	日本政府が陰暦を廃し、明治五年十二月二日をもって明治六年一月一日と定めたので、記念の祝賀式が一月某日ベルリンで催され、出席す

			る。二月十二日リューマチ治療の目的で、ウィースバーデンに移り、湯治客として同地で五か月あまりを過ごす。五月二十六日木戸孝允は青木周蔵、品川弥二郎の二人をともなってウィースバーデンに姿を現わし、新島をたずねる。八月九日ベルリン発、パリへ。九月十四日ニューヨーク着。数日後アンドーバー神学校に復帰。
一八七四	明治 七	31歳	三月五日ボストンにおもむき、アメリカ海外伝道協会の主事N・G・クラークに対し、帰日後伝道に一身をささげる意向を表明。五月某日伝道協会より日本国準宣教師に任命される。七月二日、アンドーバー神学校の卒業式。日本語で記念のスピーチを行なう。十月九日、アメリカ海外伝道協会第六五回定期総会の最終日に、壇上からキリスト教主義大学を日本に設立するについてアッピールを行ない、五〇〇〇ドルのカンパを得る。十一月二十六日、一〇年ぶりで祖国の土を踏む。その夜は横浜で一泊。二十九日安中の両親と対面する。
一八七五	明治 八	32歳	一月二十二日大阪着、宣教師ゴードンの家を仮住居とする。二十七日木戸孝允を訪ね、学校設立についての援助を依頼する。四月五日比叡山を下って京都にはいる。二十四日まで滞在し、京都府知事槇村正直、府顧問山本覚馬などに会い、京都をキリスト教主義学校設立の候補地として考えはじめる。八月二十三日府知事あてに「私塾開業願」を出す。十一月二十九日官許同志社英学校開設にあたって午前八時祈り会を行ない、引きつづいて仮校舎(寺町通丸太町上ル松蔭町十八番地)で開校式を開催する。生徒八名、ただし年末には二四、五名に増加。
一八七六	明治 九	33歳	一月三日山本覚馬の妹八重子と結婚式をあげる。九月十二日相国寺門

一八七七	明治　十	34歳	前薩摩屋敷跡に建築中の校舎二棟完成。この前後に熊本洋学校に学んだ生徒たちがぞくぞく京都にきたって同志社に入校する。十二月三日新烏丸頭町四〇番地の仮住居に京都第二公会(同志社教会)設立。
一八七八	明治十一	35歳	四月御苑内柳原邸において同志社女学校開設。九月七日新烏丸頭の仮住居を引きはらって松蔭町の新築の家に移転。
一八七九	明治十二	36歳	六月十二日同志社英学校第一回卒業式挙行。「余科」生(神学科生)一五名に卒業証書を与える。
一八八〇	明治十三	37歳	二月七日岡山県下伝道のため西下、そのあとさらに愛媛県をまわり、四月はじめに帰洛。四月十三日自責事件。十月十一日八重子夫人とともに京都を出発、神戸、岡山、今治、下関、博多、熊本、八代と約二か月にわたって旅行。
一八八一	明治十四	38歳	一月十九日槇村京都府知事の後任として高知県県令北垣国道着任。十月某日立憲政党新聞社長古沢滋、大和国の豪士土倉庄三郎をともない、新島の自宅を訪問。
一八八二	明治十五	39歳	一月十一日大和国大滝村の土倉邸を訪問　十六日まで滞在する。三月十四日函館脱出のさい世話になった福士成豊の訪問を受け、記念撮影をする。四月六日自由党総理板垣退助が岐阜で刺客におそわれ傷つくという事件が起こり、同月十七日大津港で板垣を迎え、京都まで汽車で同行する。二十一日板垣を大阪に見舞う。そのあと明石、姫路、生野銀山、豊岡、城ノ崎、宮津、福知山等をまわり、二十八日帰洛。七月三日大津から船で米原へ。柏原で一泊し、それより東へ北へと方向をとり、十一日安中着。先着の八重子夫人とともに二十七日夫人のふ

			るさとである若松を訪ね、九月十五日京都に帰る。
一八八三	明治十六	40歳	二月十五日同志社社則四か条が制定される。社員(理事)の顔触れは新島襄、山本覚馬、伊勢時雄、松山高吉、中村栄助の五名。校長は新島に決定。四月某日「同志社大学校設立旨趣」と題するパンフレットを少数者に配布する。
一八八四	明治十七	41歳	四月六日神戸港を発して二度目の外遊の途につく。十二日香港入港。二十九日コロンボ着。五月二十三日ローマ着。八月六日サン・ゴタール付近のホテル・オーバーアルプを出て坂路を登る途中、呼吸困難となり、容態悪化し、山頂の宿屋で遺書をしたためる。八月八日医師の診察をうけ、そのあと休養、快方におもむく。八月二十三日スイスの「バーゼル・ミッションの家」に宿泊し、数日間ヨハネス・ヘッセ(ヘルマン・ヘッセの父)の世話になる。ウィースバーデン、ボン、ロンドンを経由し九月二十八日ニューヨーク、三十日ボストン着。ハーディー夫妻に迎えられ、七四年の秋に別れていらい一〇年ぶりの対面をする。
一八八五	明治十八	42歳	二月二十八日アーモストを訪ね、恩師でありアーモスト大学の現学長であるシーリー宅にしばらく滞在する。五月八日バルチモアの客舎で内村鑑三の訪問を受ける。十一月十九日サンフランシスコを出発。十二月十二日横浜着。十七日京都に帰る。十八日同志社創立十周年記念会が行なわれる。
一八八六	明治十九	43歳	五月十四日京都発、関東地方、東北地方を旅行して六月八日帰京。
一八八七	明治二十	44歳	一月三十日父民治数え年八一歳で死去。二月某日総理大臣伊藤博文夫

一八八八	明治二十一	45歳	妻同志社を訪問。六月十七日仙台東華学校開校式に出席する。八月七日、アルフュース・ハーディー死去。 四月十二日私立専門学校開設について京都の名士たちの理解と支持を得るため知恩院大広間において集会を催す。出席者六〇〇名を越える。十月十三日同志社大学設立主意書の起草を徳富猪一郎に託し、そのために必要な資料を送る。十一月七日「同志社大学設立の旨意」東京の日刊紙上に掲載される。十一月二十三日組合教会派の臨時総会が大阪で開かれる。一致教会派との合同にかんしては翌二十二年五月まで延期に決定。
一八八九	明治二十二	46歳	一致、組合両教派の合同にかんし、五月二十二日神戸で組合教会の総会開催、新島は欠席。十月十二日同志社大学設立募金運動のため病身をもかえりみず、東上を決意し、神戸から船に乗りこむ。十一月二十五日前橋におもむく。二十八日前橋の宿で胃腸の激しい痛みをおぼえる。十二月十三日肉体がもはや募金のための活動にたえられないことを認め、前橋を去って東京に向かう。十五日徳富猪一郎より、気候温暖の地大磯で保養するよう勧められる。二十七日大磯の百足(むかで)屋旅館の離れ座敷を借り受け、病体を横たえる。
一八九〇	明治二十三	46歳 11か月	一月二十一日午前五時八重子夫人、徳富猪一郎、小崎弘道を枕もとに呼び、口頭で遺言を伝え、徳富に筆記させる。二十三日午後二時二〇分息絶える。病名は急性腹膜炎症。二十七日同志社チャペル前広場に天幕を張り告別式を挙行、説教小崎弘道、参加者四〇〇〇名。

参考文献

『新島先生書簡集』同志社校友会刊、昭和十七年。
『新島先生書簡集』続、学校法人同志社、同志社校友会刊、昭和三十五年。

右の二冊には、手紙のほかに日記、紀行文、「同志社設立の始末」「同志社大学校設立旨趣」およびこれに類する文章、「新島襄先生詳年譜」などが収録されている。新島がしたためた英文の手紙、日記で、現在同志社に保存されているものはかなりの量にのぼるが、これは書簡集には加えられていない。新島は自らのおいたちの記を英文でつづっており、それは"My Younger Days"というタイトルのもとに小冊子として同志社校友会から発行されている。

『新島襄書簡集』(九八通の手紙を選択、文庫本として刊行)岩波書店、昭和二十九年。

(1) 新島の生涯を扱った著作

"Life and Letters of Joseph Hardy Neesima" by Arthur Sherburne Hardy, Boston and New York Houghton, Mifflin and Company, 1891.
"A Sketch of the Life of Rev. J. H. Neesima" by J. D. Davis. 発行人京都市相国寺門前町上田周太郎、明治二十三年発行、明治三十六年改版。

『新島襄先生之伝』ゼ・デ・デビス著、村田勤・松浦政泰合訳、大阪福音社、東京警醒社発行、明治二十四年。

『新島襄先生伝』ゼー・デー・デビス著、山本美越乃訳補、警醒社、明治三十六年発行、大正十三年改版。

"The Story of Neesima" by Phebe Fuller McKeen, Boston D Lothrop Company, 1890.

『新島襄』根岸橘三郎著、警醒社、大正十二年。

『新島襄伝』湯浅与三著、改造社、昭和十一年。

『新島襄先生の生涯』―海外修学篇―、森中章光著、泰山房、昭和十七年。

『新島襄先生の生涯』―教育報国篇―、森中章光著、泰山房、昭和十七年。

『新島襄――人と思想』魚木忠一著、同志社大学出版部、昭和二十五年。

『新島襄』岡本清一著、同志社大学出版部、昭和二十七年。

『新島襄』渡辺実著、吉川弘文館人物叢書、昭和三十四年。

『新島襄・本多庸一』―日本の代表的キリスト者(1)―砂川万里著、東海大学出版会、昭和四十年。


このほかに約一〇冊あるが、日本人の書いた新島伝の種本は、第一にデビスの書、第二にA・S・ハーディーの"Life and Letters"第三に新島の書簡集、この三つだと言ってさしつかえない。

（2）新島襄論、新島にかんする研究調査報告、回想等

同志社新島研究会は、雑誌「新島研究」を年二回発行しており、前記マッキーンの英文新島物語は、同誌三六号、三七号に連続転載されている。新島の母校であるノイリップス・アカデミーの『ブレティン』(一九三七年十月号)所載の "Joseph H. Neesima, a Sketch" by Edward Boynton も同様、四〇・四一号に転載されている。

『日本精神と新島精神』徳富蘇峰著、関谷書店、昭和十一年。

『新島先生記念集』(新島死後五〇年を記念し、四八名の教え子がそれぞれ思い出を語っている)同志社校友会刊、昭和十五年。

『近代日本の思想家』向坂逸郎編著(新島論執筆者家永三郎)和光社、昭和二十九年。

『新島襄先生』徳富蘇峰著、同志社刊、昭和三十年。

『新島先生と徳富蘇峰』森中章光著、同志社刊、昭和三十八年。

『同志社の思想家たち』和田洋一編(新島論執筆者鶴見俊輔)、同志社大学生協出版部、昭和四十年。

『柏木義円集』伊谷隆一編、未来社刊、第一巻昭和四十五年、第二巻昭和四十七年、(「吾人の眼に映じたる新島襄先生」をはじめ、新島を扱った一〇篇近くの文章が収められている)。

（3）初期同志社にかんする資料

『史料彙報』京都同志社社史史料編集所、第一集昭和四十三年三月刊行、現在第五集まで刊行。

『同志社五十年史』同志社校友会編ならびに刊行、昭和五年。

『同志社五十年裏面史』青山霞村著、京都深草からすき社刊、昭和六年。

『我等ノ同志社』創立六十周年記念誌、同志社事業部刊、昭和十年。

『同志社――その八十年の歩み』同志社大学出版部刊、昭和三十年。

『同志社開校事情』森中章光著、同志社新島研究会刊、昭和三十六年。

『同志社九十年小史』同志社社史史料編集所編、同志社刊、昭和四十年。

（4）アーモスト大学の関係

"Amherst College Biographical Record" published by the Trustees of Amherst College.
"A History of Amherst College" by W. S. Tyler, New York Frederick H. Hitchcock, 1895.

（5）ミッションの関係

"The Missionary Herald" アメリカ海外伝道協会機関誌(月刊)。
"The Congregationalist" アメリカ組合教会機関誌(月刊)。
"A Chapter of Mission History in Modern Japan" 1869-1893, compiled by James H. Pettee,

Tokyo-Seishibunsha, Japan.　発行年月日の記載はない。
"Thirty Eventful Years" The Story of the American Board's Mission in Japan, 1869-1899, by M. L. Gordon, Boston American Board of Commissioners for Foreign Missions, 1901.
"Davis, Soldier Missionary" by John Merle Davis, Boston The Pilgrim Press, 1916.
"Christianity in Modern Japan" by Ernest W. Clement, Philadelphia American Baptist Publication Society, 1905.
『基督にある自由を求めて』―日本組合基督教会史―湯浅与三著、創文社刊、昭和三十三年。

解　説

佐　藤　優

和田洋一先生(一九〇三年九月二二日―一九九三年一二月二〇日)は、同志社が生み出したユニークな知性だ。私が同志社大学神学部に入学したのは、一九七九年四月で、そのとき既に和田先生は、文学部の名誉教授となられ、同志社では教鞭を執っていなかった。神学生は、一般教養を終えると今出川キャンパスにある神学館でほとんどの授業とゼミが行われる。それだから、神学生が他学部の学生や教授と知り合う機会はあまりない。

しかし、私は神学部三回生のときに和田先生と面識を得て、大学院を卒業するまで、ときどき和田先生のお宅にお邪魔して、指導を受けた。私に和田先生と知り合う機会を作ってくれたのが、当時、神学部自治会の委員長をつとめていた滝田敏幸君(現千葉県議会議員、自民党)だった。私たちの大学生時代、日本全体で見るならば、学園紛争は遥か昔の話になっていた。ただし、南太平洋で古代に大陸から切り離されてしまったために独自の生態系が発達したガラパゴス諸島にたとえ、「同志社ガラパゴス」と揶揄されていたわが大学では、新左翼系の学友会（「同志社ブント（共産主義者同盟）」と呼ばれることもあった）を中心に政治の時代がまだ続いていた。大学一回生のときは、学友会による全学バリケードストライキ、三回生のときは、大学当局による全学ロックアウトによって、学年末試験が中止となり、レポート提出に切り替わった。

当時、同志社大学には、神学部、文学部、法学部、経済学部、商学部、工学部の六学部があった。神学部を除く五学部自治会は統一選挙を行い、学友会執行部を形成していた。神学部自治会は、五学部と別に独自の路線を歩んでいた。学友会執行部と五学部自治会が赤いヘルメットを被り赤旗を掲げていたのに対して、神学部自治会は黒いヘルメットを被って、黒旗を掲げていた。黒ヘルはノンセクトラジカルや全学闘（全共闘）のシンボルなので、珍しくなかったが、黒旗を掲げている団体は珍しかった。そして、この黒旗には、白いペンキで魚の絵が書かれ、そこに新約聖書ギリシャ語でΧριστος（クリストス、キリスト）と記されていた。マルクス主義だけでなく、アナーキズム（無政府主義）とキリスト教社会主義に魅力を感じていた神学生たちの内的世界をこの黒旗は象徴していた。

神学部自治会は、神学館二階の図書室横に「アザーワールド」と名づけた部屋を占拠し、活動拠点にしていた。この部屋は、もともと大学院生の共同研究室だったのであるが、一九六〇年代末の学園紛争のときに神学生たちが占拠してそのままになっていた。当時、私たちは、「アザーワールド」で頻繁に読書会を組織し、さまざまな議論をした。あれから約三十五年になるが、当時読んだヘーゲル、フォイエルバッハ、シュライエルマッハー、マルクス、エンゲルス、レーニン、ローザ・ルクセンブルグ、スターリン、金日成、宇野弘蔵、廣松渉、オルテガ、ウエーバーや日本の共産党、社会党、新左翼諸党派のイデオローグの著作の内容を今でも私はよく覚えている。大学・大学院の正規の授業とは別に「アザーワールド」で年齢の近い神学生たちと一緒に勉強した内容は、私が外交官、職業作家になってからもとても役に立った。

大学三回生の秋のことと記憶している。滝田君は神学部自治会委員長とともに表千家の茶道サークル「志清会」の代表をつとめていた。和田先生が志清会の名誉顧問だった。その関係で滝田君は、あるとき和田先生と踏み込んだ話をし、強い感化を受けたようだ。滝田君は私に、「佐藤、和田洋一先生と会う機会をセットする。キリスト教やマルクス主義のことでも、これからの生き方についても、ほんとうに勉強になる」と強く勧めた。滝田君に連れられて、私は和田先生のお宅を訪ねた。大正時代に建てられた和洋折衷式の映画に出てくるような家だった。和田先生は滝田君から私がチェコスロバキアにおける共産党政権とプロテスタント神学者ヨゼフ・ルクル・フロマートカの関係を卒業論文のテーマにしているという話を聞いていたため、そのことについていろいろ質問された。「共産主義国におけるキリスト教について本格的に研究している神学者はいないので、是非、そのテーマを深めるといい。応援します」という話があった。私がフロマートカ神学をライフワークとする上で、このときの和田先生の激励が大きな意味を持った。

和田先生から、一九三七年に京都人民戦線事件に連座して、治安維持法違反容疑で特高警察に逮捕されたときの話を聞いた。戦時下、自由を求めて国家権力に抵抗したというような武勇伝でなく、「何もやっていないにもかかわらず捕まった。理屈では抵抗しなくてはならないと思っていたが、何もできなかった。当時、僕は同志社に勤めていたけれど、ああいうことがあるとあの学校は実に冷たい。自己保身しか考えない連中ばかりだ。あのときに助けてくれたのは、学生時代の友だちだ。いちばん大変なのは、自分との闘いだ。インテリがいかに弱い存在であるかということをあの事件で痛感した。それがキリスト教についてもう一度、真剣に考える機会になった」という話を聞いた。細かなエピソードでは、勾留中に特高刑事が和田先生を木屋町の居酒屋に誘い「先生は治安維持法に触れるようなことは何もしていないんだから、もっと堂々と闘わないとダメだ。こんな弱気では御先祖様に申し訳ができなくなる」と諭されたという話だ。もっとも特高刑事は安月給なので、和田先生が二人分の支払いをしたということだった。

別れ際に和田先生は、「私が書いたつたない本なんですけれど、どうぞ」と言って、『灰色のユーモア——私の昭和史ノォト』(理論社、一九五八年)の第二版(一九七四年)と『新島襄』(日本基督教団出版局、一九七三年)をいただいた。今回、岩波現代文庫に収録された本書がまさにこの本である。和田先生から、「『新島襄』は、神学部の先生たちからはあまり評判がよくないんです。佐藤君には、是非読んで、感想を聞かせてほしい」と言われた。その日の内にこの本を読み終えた。面白かった。

和田先生は、「まえがき」に

同志社の中で、「新島先生」の名前をふりまわすと、それは一種の権威をおびてきて、表だって反対することができなくなるような、そういう空気があった。私は、ぼおっとした生徒で、べつに反抗的でもなんでもなかったが、新島襄はいったいそんなにえらい人だったのか、たいしたことはなかったのじゃないか、そんなふうな受けとりかたをしていた。

と率直に記す。アメリカ留学時代の新島襄についても、学業にかなり苦しんだ実態について記す。

アーモスト大学の記録によれば、新島は一八六八年に入学し、七〇年に卒業したことになっている。これは六七年の九月、新島はアーモストに来て入学のためのテストを受け、古典語の学力があまりにも不足しているので、仮入学(選科生)の扱いとなり、翌六八年改めて正規の学生として受けいれられたと解釈すべきであろう。アーモストの学生は、卒業に当たって、すべてバチェラー・オブ・アーツの称号をさずけられるならわしになっているが、新島だけはバチェラー・オブ・サイエンスの称号を受けた。これもまちがいなくギリシア、ラテン語の学力不足と関係があったと思われる。ついでながら、後年、新島の世話でアーモスト大学に入れてもらった内村鑑三も、卒業のときにもらった称号はやはりバチェラー・オブ・サイエンスであった。

新島襄が、国際基準での教養教育を十分に行うことができる総合大学の建設に文字通り命懸けで取り組んだのも、欧米に留学する若い世代の日本人に、自分や内村鑑三がしたような苦労をさせたくないという想いが強くあったからと思う。和田先生の『新島襄』は、新島襄を脱神話化することを通じて同志社教育の特徴を鮮明にする。それは、日本国家との適切な距離感覚だ。森有礼が訪米した際に、新島襄と面会した。非合法出国した新島襄にパスポートを発給し、帰国を認めるとともに、日本政府が資金援助をすると提案した。この提案を新島襄は拒否した。この事情について、和田先生は以下の見方を示す。

一人の日本人が外国へ行って外国人の世話になり、生活費を出してもらって勉強している。そこへ日本政府の代表が出かけていってそのことを知り、公金で負債をキャンセルしてやろうと考える。それにたいしてその日本人が猛然と反対するというのは一見奇妙なようにも思える。

まず第一に、新島の日本政府にたいする不信感がなぜこのように強烈なのか、政府の奴隷というようなことばがどうして出てくるのかという点であるが、切支丹禁制の高札をいまだにおろそうとしない明治新政府の頑迷さにたいする新島のやり切れない気持ちがあったことは確かだろう。第二に、天皇をいただいた新政府といっても、実は薩長の政府であり、薩長の人間ばかりがやたらにはばをきかせている情況を、太平洋の反対のがわからながめている安中藩士新島の白い目というものもあっただろう。

キリスト教信仰については妥協せず、維新政府官僚に借りをつくるような生き方はしないという新島襄の矜恃がここに現れている。

私が外務省に入省することとなったとき、滝田君をはじめとする神学部の友人が集まった席で和田先生はこう述べた。

「私は特高警察に捕まり、裁判にかけられた経験があるので、国家公務員という職業は嫌いだ。他の人が外交官になるというのならば、私は反対したと思う。しかし、佐藤君だったら、あの世界に行っても、したたかに生きていくことができると思う。外交の世界で、同志社では経験できないであろう出来事を、正面から受けとめて、きちんと消化して欲しいと思う。フロマートカは、象牙の塔の中でなく、現実の世界で神学を営んだ。佐藤君にもそういう道を歩んで欲しい」。

今になって思うと、私は和田洋一先生を通じて、新島襄の精神に触れたのだ。

二〇一五年八月、観音崎（神奈川県横須賀市）にて

（作家・元外務省主任分析官）

本書は一九七三年五月、日本基督教団出版局から刊行された。
岩波現代文庫では、写真、図版を新たに掲載した。

写真、図版は、同志社大学 同志社社史資料センター所蔵の資料です(七五頁の「ワイルド・ロバー号(油絵)」は除く)。

新島 襄

2015年10月16日　第1刷発行

著　者　和田洋一《わだよういち》

発行者　岡本　厚

発行所　株式会社　岩波書店
〒101-8002 東京都千代田区一ツ橋2-5-5

案内 03-5210-4000　販売部 03-5210-4111
現代文庫編集部 03-5210-4136
http://www.iwanami.co.jp/

印刷・精興社　製本・中永製本

ISBN 978-4-00-603294-4　　Printed in Japan

岩波現代文庫の発足に際して

新しい世紀が目前に迫っている。しかし二〇世紀は、戦争、貧困、差別と抑圧、民族間の憎悪等に対して本質的な解決策を見いだすことができなかったばかりか、文明の名による自然破壊は人類の存続を脅かすまでに拡大した。一方、第二次大戦後より半世紀余の間、ひたすら追い求めてきた物質的豊かさが必ずしも真の幸福に直結せず、むしろ社会のありかたを歪め、人間精神の荒廃をもたらすという逆説を、われわれは人類史上はじめて痛切に体験した。

それゆえ先人たちが第二次世界大戦後の諸問題といかに取り組み、思考し、解決を模索したかの軌跡を読みとくことは、今日の緊急の課題であるにとどまらず、将来にわたって必須の知的営為となるはずである。幸いわれわれの前には、この時代の様ざまな葛藤から生まれた、人文、社会、自然諸科学をはじめ、文学作品、ヒューマン・ドキュメントにいたる広範な分野のすぐれた成果の蓄積が存在する。

岩波現代文庫は、これらの学問的、文芸的な達成を、日本人の思索に切実な影響を与えた諸外国の著作とともに、厳選して収録し、次代に手渡していこうという目的をもって発刊される。いまや、次々に生起する大小の悲喜劇に対してわれわれは傍観者であることは許されない。一人ひとりが生活と思想を再構築すべき時である。

岩波現代文庫は、戦後日本人の知的自叙伝ともいうべき書物群であり、現状に甘んずることなく困難な事態に正対して、持続的に思考し、未来を拓こうとする同時代人の糧となるであろう。

（二〇〇〇年一月）